商业模式转换定制方案

中小企业商业模式设计七步法

张　雷◎著

台海出版社

图书在版编目（CIP）数据

商业模式转换定制方案：中小企业商业模式设计七步法 / 张雷著 . -- 北京：台海出版社，2018.5

ISBN 978-7-5168-1855-8

Ⅰ. ①商… Ⅱ. ①张… Ⅲ. ①中小企业－商业模式－研究 Ⅳ. ① F276.3

中国版本图书馆 CIP 数据核字 (2018) 第 085850 号

商业模式转换定制方案：中小企业商业模式设计七步法

著　　者：张　雷

责任编辑：王　艳　　　　装帧设计：崔　欣

版式设计：石凯辉　　　　责任印制：周莹莹

出版发行：台海出版社

地　　址：北京市东城区景山东街 20 号，邮政编码：100009

电　　话：010 － 84827588（发行，邮购）

传　　真：010 － 84045799（总编室）

网　　址：www.taimeng.org.cn/thcbs/default.htm

E-mail：thcbs@126.com

经　　销：全国各地新华书店

印　　刷：艺堂印刷（天津）有限公司

本书如有破损、缺页、装订错误，请与本社联系调换

开　　本：710mm × 1000mm　1/16

字　　数：170 千字　　　　印　　张：16

版　　次：2018 年 6 月第 1 版　　　　印　　次：2018 年 6 月第 1 次印刷

书　　号：ISBN 978-7-5168-1855-8

定　　价：69.00 元

前言

PREFACE

当下的时代越来越疯狂，日新月异是见怪不怪的话题，变化是永恒的主题，商业环境在变，消费模式在变，顾客在变，供应商在变。我们无法改变时代的基调，只能改变自己！

没有任何一家企业能够在万变的时代下，依然保持旧有的商业模式来获得竞争的筹码，相反，可能失去最后的生存之机，只留下喘息的空隙。所以，保证一个企业前行的最安全的“导航仪”，绝不是手中紧握的东西，那些传统的商业模式已经成了羁绊，而开辟新的商业模式已经成了决胜未来的不二选择。

未来企业的竞争将是商业模式的竞争，这种竞争与互联网有着千丝万缕的联系。当下的时代是以信息传输为主的信息时代，即“互联网时代”，这个时代的企业成败必然要有与之相呼应的商业模式，才能实现良好的生存和发展。

一句话，今天看一个产业有没有潜力，就看它离互联网有多远。可以说，互联网颠覆了传统的商业模式，使商业模式成了企业成功的保障。

管理学大师彼得·德鲁克曾经说过：“当今企业之间的竞争，不是产品之间的竞争，而是商业模式之间的竞争。”马云也说：“未来五年内个体户必将消失，取而代之的将是商业模式创新的公司。”本书作者张雷也说：“过去的成功靠机会，未来的成功靠模式转换。”中小企业路在何方？商业模式转换是唯一的出路。第一种，走转换道路的企业。第二种，投资转换的投资者。第三种，既是转换达人又是投资转换的企业。

转换，难，但有价值！转换，费脑，不烧钱！转换，80%来自商业模式创新。转换，对中小企业难，对大企业更难！转换，对传统产业难，对新兴产业更难！

彼得·德鲁克说：“我们总是低估长期可能取得的成就，高估短期内我们所能达到的目标。”商业模式道路艰难，可能费时费力，但正是这样，才使企业获得长期的利益。

企业成长＝商业模式转换×多层次资本。商业模式转换企业的“企业价值”是传统经营的数倍。资本将给予转换者惊人的奖赏和鼓励，对不转换的企业，市场将给予残酷的惩罚。

商业模式转换已势在必行，转换可能成功，也可能失败，但不转换绝对会失败，所以进行商业模式创新是企业发展的必由之路，未来属于懂得改变和创新的企业，那些不能创新的企业必将被时代淘汰。

本书从当前商业的大环境入手，深刻解析商业模式转换的必然因素，以及商业模式转换的七个重要步骤、关键细节及六大制胜要素，并着重介绍互联网环境下如何转换商业模式，实现商业模式创新，及与传统商业模式的结合。

本书内容丰富，资料翔实，以理论与案例相结合的方式来分析论证，层层递进，通俗易懂，深度剖析商业模式创新的奥秘。

本书凝聚作者多年来对商业模式研究的独特视野、实战经验和理论修养，提出许多有新意的商业模式创新的思想和方法，论述一套商业模式设计模型、工具、方法、流程，构建商业模式设计的基本框架和路线图，使商业模式创新的逻辑更加明晰，适合各行各业从事产品开发、市场营销、战略规划及管理运营的相关工作者阅读，更好、更全面地了解商业模式转换及具体方案。

目录

CONTENTS

第三章 商业模式转换的五个方向

第四章 商业模式转换制胜的要素

第五章 商业模式创新案例

第六章 互联网时代下的商业模式创新

第七章 互联网模式与传统产业的融合

后 记

第一章

商业模式转换：企业成长的源泉

一、什么是商业模式

商业模式属于管理学的重要研究对象，在 MBA、EMBA 等主流商业管理课程中，商业模式均被给予高度重视。商业模式是创业者和风险投资者的一个常用名词，也是企业存在的最基本要素。良好的商业模式是企业成功的保障。现代企业也都把商业模式作为重要的研学内容，不断地学习其理论精髓，研究其创新模式，探索利用商业模式的制胜要素及创新方式来获得企业的发展壮大，所以，了解商业模式是现代企业的一门必修课。

那么，商业模式具体指的是什么？它包含什么要素，有哪些特征，又有哪些常见类型呢？

1. 商业模式的定义

企业主体为了客户的价值最大化，为企业利益相关者提供服务而搭建的一种交易结构，让更多的人为我们承担成本，让更多的人为我们创造利润。

2. 商业模式定制方案的定义

商业模式是为实现客户最大价值，把企业中运行的内外各要素整合起来，并形成一个完整、高效率、具有独特核心竞争力的运行系统，用最优化的实现形式去满足客户需求、实现客户价值，同时使系统达成持续盈利目标的整体解决方案。

商业模式是企业与企业之间、企业的部门之间，以及与顾客之间、与渠道之间存在的各种各样的交易关系和联结方式。商业模式包含一系列要素及其关系的概念性工具，用以阐明某个特定实体的商业逻辑。它描述了公司所能为客户提供的价值，以及公司的内部结构、合作伙伴网络和关系资本（Relationship Capital）等，借以实现（创造、推销和交付）这一价值，并产生可持续盈利收入的要素。

简而言之，商业模式就是公司通过什么途径或方式来赚钱。比如，超市如何通过平台和仓储来赚钱，快递公司如何通过送快递来赚钱，汽车公司如何通过卖车来赚钱，食品公司如何通过卖食品赚钱，网络公司如何通过关注度和相关消费来赚钱，通信公司如何通过收话费赚钱，等等。只要有潜在或直接的盈利环节，就有商业模式存在。

3. 商业模式的发展

商业模式的概念，虽然早在20世纪50年代就被提出，但是到20世纪90年代后期才开始流行。对于各种创业企业的不断兴起、风险投资模式的成熟，以及诸如IT和通信行业的服务价格迅速降低等创业环境的成熟，商业模式的说法一直流行。

从交易成本学说上看，在新经济模式下战略单元中加工、储存和共享信息透明化，这使得企业在经营方式上有更多的变化：价值链被分拆并重组，众多新型的产品和服务出现，新的分销渠道的出现，更广泛的客户群体。这也就导致了全球化的出现，带来了更加激烈的竞争，同时出现了许多新的经营方式。

这表示有了一系列全新的方式来规划企业，在每个行业都产生了许多新型的商业模式。激烈的竞争和成功商业模式的快速复制，迫使企业必须不断进行商业模式创新，以获得持续的竞争优势。作为一个企业，必须深入了解企业的商业模式，以及组成它们的商业元素之间的关系，才能在自己的商业模式被复制前重新审视并再次创新。

4. 商业模式转换的构成

商业模式主要由七大要素构成，这些要素相互作用。相同的企业定位可以通过不同的业务系统来实现，同样的业务系统也可以有不同的管理模式、不同的盈利模式和不同的现金流结构。例如，同样是做网站，有些是收费的，而有些不直接收费；业务系统相同的食品企业，有些企业可能擅长生产，有些可能擅长研发，有些则可能更擅长渠道建设。商业模式的构成要素中只要有一个要素不同，就意味着不同的商业模式。

商业模式的构成可以体现为价值主张、实现方式和核心能力。商业模式就是企业围绕客户价值而开展的各项价值活动的总称，是企业各种战略运用的结合体和组合表现形态，它关注的是如何通过有效的战略组合进行价值创新和系统运营，从而构建企业的核心竞争力和建立竞争优势。

5. 商业模式转换的特征

商业模式是一个整体、系统的概念，不是单一的。比如，收入模式（广告收入、会员费、服务费），向客户提供的价值（在价格、质量上竞争），组织架构（自成体系的业务单元、整合的网络能力）等。这些是商业模式的重要组成部分，但不是全部。

商业模式的组成部分之间必须有内在的联系，这样就把各组成部分有机地关联起来，使它们互相支持，共同作用，形成良性循环。

商业模式具有自我复制性，自己可以复制自己，别人很难复制。

6. 商业模式转换的类型

（1）运营性商业模式。重点解决企业与环境的互动关系，包括与产业价值链环节的互动关系。运营性商业模式创造企业的核心优势、能力、关系和知识，主要包含：

产业价值链定位：企业处于什么样的产业链条中，在这个链条中处于何种地位，企业结合自身的资源条件和发展战略应如何定位。

盈利模式设计（收入来源、收入分配）：企业从哪里获得收入，获得收入的形式有哪几种，这些收入以何种形式和比例在产业链中分配，企业是否对这种分配有话语权。

（2）策略性商业模式。策略性商业模式对运营性商业模式加以扩展和利用，应该说策略性商业模式涉及企业生产经营的各个方面。

业务模式：企业向客户提供什么样的价值和利益，包括品牌、产品等。

渠道模式：企业如何向客户传递业务和价值，包括渠道倍增、渠道集中、压缩等。

组织模式：企业如何建立先进的管理控制模型。比如，建立面向客户的组织结构，通过企业信息系统构建数字化组织等。

7. 商业模式与管理模式及战略模式的区别

商业模式、管理模式及战略模式的构成因素和结构不同。

商业模式的构成（航母）：发展趋势、客户定位、业务系统、创利模式、自由资金、关键资能、价值责任。

管理模式的构成：目标规划、组织结构、管理控制、人力资源管理、企业文化、业绩达成。

战略模式的构成：机会趋势、使命愿景目标、战略选择、战略部署、年度战略规划。

商业模式是企业的基础结构，类似一艘战舰的构造，不同种类战舰的发动机、船舱、夹板、炮塔、导弹等结构和配置不同，在舰队中的位置和功能也不一样。管理模式类似于管理一艘战舰的官兵，舰队的最高长管既需要组织分配好官兵的工作，制定相应的管理控制流程，建立官兵的选拔、培养和激励的制度，也需要有能够凝聚舰队战斗力的舰队文化。战略模式是战舰和官兵要去的方向。

商业模式是企业的运作平台，管理模式是企业的执行机制，战略模式是企业的方向把控。

二、传统的商业模式

传统的商业模式是先投入，后赚钱。即原料采购——制造加工——物流库存——市场投入——渠道建设——客户成交——赚到利润——循环投入（破产跑路）。

传统的商业模式主要关注企业与用户、供应商及其他合作伙伴的关系，尤其关注的是彼此间的物流、信息流和资金流。我们知道，构成赚钱的各种服务和产品的整个体系称为商业模式。在传统商业模式中，批发商和零售商是实现流通必不可少的环节，商品从生产商到达消费者的手中，必然要经过批发商和零售商。批发商在商品流通过程中，起到承上启下的作用，各级批发商从上级进货，买断上级的商品所有权，然后再卖给消费者，从中赚取差价。他们代理销售的品牌数量有限，供货渠道较稳定。在传统商业模式下，交易都是具体的实体交易，交易透明，因此也被称为有形市场。

近百年来传统商业的形态十分丰富，较常见的是在固定的商业地点进行商品交易，因此商店、百货店、市场、方便店、储物店等是传统商业模式的主要交易场所。现在的沿街商铺、步行商业街等都是一种传统的商业经营模式。具体来说，就是在具有潜在消费群的地方开设店铺，并展示其产品或服务。它有很大的局限性，只能店铺内交易，并且营业时间有限，企业成本增加。

中国民营企业经过近几十年的发展，取得了非凡的成绩，与此同时，企业发展的很多问题也不容小觑，一些民营企业尤其是中小民营企业正面临着发展中的诸多问题。其中，最严重的就是商业模式的弊端正日益凸显，随着全球经济一体化的到来，竞争更加剧烈，各行业都是供大于求，产品同质化程度非常严重，同时，随着互联网技术的不断渗透，商业模式的落后已经严重制约了中小民营企业的发展。

虽然，一些企业也进行了商业模式的创新，带来了一定时间内的竞争优势，但每一种业态的出现都有其必然性，同时还会对原有的业态带来一定的冲击。这种冲击的产生，正显示了传统商业模式的弊端和不足。

那么，传统商业模式的弊端主要有哪几个方面呢？

1. 信息反馈的弊端

在传统商业模式中，消费者直接面对的是中间商和零售商，消费者及客户对产品或者企业的评价、建议，不能及时和企业进行交流反馈，从而使得企业得到的信息存在一定的滞后性。这就不可避免地使得企业无法根据消费者和客户的需求来生产制造符合他们需求的产品。如此一来，企业和消费者脱节，势必无法获得长远的客户群，也就慢慢淡化了市场效率。

2. 交易场所的弊端

传统的商业模式都是在店铺内交易，商品直接与消费者对接，不能像当下的互联网商业模式那样进行线上交易。另外，店铺内交易存在时间、地点的局限性，无法随时随地地交易，这也是传统商业模式与互联网商业模式之间的最大区别。

3. 成本上的弊端

由于传统的商业模式在广告宣传、产品推广、生产运输及代理环节的不足，使其交易成本增加，由于产品价格高，导致竞争力下降，这都是不利于企业发展的。

综上所述，我们可以看出，传统的商业模式亟须解决这些弊端，转变商业模式，创新商业模式，才能与时代同步，才能获得长足发展。

计算机技术的飞速发展，使互联网发展得如火如荼，各种新事物应运而生，比如以网上商店为主的销售模式。过去很长一段时间，商品与客户的连接途径一直都是店铺的存在方式，现在已经发展为网络式店铺，即在网上完成从购物到结账到售后服务的一系列程序。现在，网络购物已经成为当下人们购物的重要方式，许多网店已经在严重冲击着实体店的生存和发展，所以，传统的商业模式已经在逐步形成清晰的生存和发展障碍，如果不能改进，势必走入死胡同。

新生商业模式的诞生都是建立在传统行业基础之上的。虽然，互联网改变了人们的生活习惯、购物方式、思维模式，也滋生了一系列基于互联网的新生商业模式。但是无论如何发展，互联网都不会也不可能完全颠覆或替代传统行业。互联网的发展离不开传统行业，传统行业的发展也需要互联网的支撑。例如，互联网 + 传统新闻模式形成门户网站，互联网 + 银行产生支付宝、余额宝，互联网 + 生活服务产生各种服务平台（58同城等），互联网 + 医疗产生互联网移动医疗平台。

因此，作为传统行业，我们要充分利用和借助“互联网 +”的思维来优化自身，通过互联网使传统行业的核心价值和优势得以充分展现，最终实现商业模式的升级转型。

三、新型商业模式的创新

新型商业模式是交易未来、交易权利，包括产品预销权、市场开发权、品牌授权、专利技术权、股权认购权、原料采购、制造加工、物流库存、市场投入、渠道建设。

管理学大师彼得·德鲁克说过：“当今企业之间的竞争，不是产品之间的竞争，而是商业模式之间的竞争。”

未来五年内个体户大部分会消失，取而代之的将是商业模式创新的公司。过去的成功靠机会，未来的成功靠模式转换。

未来企业的竞争将是商业模式的竞争。统计表明，全球超过 60% 的成功创新来自商业模式的创新。商业模式是企业发展的顶级设计，是“企业战略的重点”。对企业商业模式进行了创新，企业就有可能获得“10 倍利润，10 年成长”，就有可能对接风险投资、登陆资本市场。即使是企业采用的都是相同的技术，但如果采用的商业模式不同，那么其财务结果与资本市场价值也将完全不同。所以，得商业模式与资本者，得天下。商业模式创新是大企业转瞬衰败的首因、小企业迅速超越的拐点。

商业模式转换 = 企业经营的“原点”

小企业	大企业
迎来拐点的原点	转瞬衰败的首因

商业模式转换的意义

方向比努力更重要。方向对了，努力才有回报。商业模式是任何一家企业经营的“原点”，如果一个企业的技术、产品、品牌都很好，却没有好的商业模式，那么，这样的企业也是没有前途的。在这里，我们并不全盘否定产品、技术、品牌的重要性，恰恰相反，产品、技术、品牌对一个企业的发展非常重要，但是商业模式更为重要。可以说，商业模式是比产品、技术和品牌更重要的企业“命脉”。企业经营需要有前后次序、轻重缓急，所以，企业经营首先应解决商业模式创新问题，而后再逐步地落实产品、技术、品牌等支撑。如果作为企业经营原点的商业模式不能进行创新，企业成长也只能是痴人说梦。因此，在商业经营过程中，学习和研究商业模式是最为紧迫且重要的主题。

现在，很多企业之间的竞争，还往往局限在价格、产品、渠道、品牌等方面的竞争。他们把更多的注意力放在：如何做出更好的产品？如何通过广告宣传和品牌推广，树立良好的品牌形象？如何走差异化的产品路线？如何提高效率，开发利用新的渠道？如何提高产品的性价比，通过价格差、价格战来打压或者是消灭对手？

其实，这种竞争模式早已无法立足，在目前中国市场竞争还不是特别充分的情况下，产品、渠道、品牌、价格的竞争或许还能奏效，但是它不具有可持续性，虽然在一定的时期内能够成功，但是长远来看，它难以建立持久的竞争优势。

所以，比起产品、渠道、品牌、价格等方面的竞争，商业模式之间的竞争才是企业竞争的根本。哪家企业如果在商业模式上领先，那么这家企业就能够获得良好的发展。

商业模式是整体的竞争，而产品、渠道、品牌、价格体现的只是局部的竞争。只有商业模式领先于竞争对手，才能真正赢得市场竞争的终极胜利。

这里的商业模式并不是简单地对市场的选择，而是对科技、创意、管理和企业文化四位一体的整合系统的选择。像苹果公司一样，它把科技、创意、管理和企业文化完美地集合在一起，并选择了正确的商业模式转换，所以才有了今天的发展。很多企业现在还处于模仿阶段，一个没有创意、管理粗放和企业文化表面化的企业，由于没有创新，一直在模仿别人的模式，没有自己的特色，在市场中难以获得更大的发展，所以，这些企业的商业模式势必无法支撑自身的发展。

如果进行商业模式转换，企业就将获得长足的发展。一个新型、成功的商业模式能为企业创造核心竞争力，不容易被复制，还能为用户提供独特体验。任何供应信息网产品的竞争到最后一定不是硬件的竞争，而是软实力的竞争。商业模式创新的核心就是差异化。想别人想不到的，做别人没做过的，成别人成不了的。

不知人们是否留意，蒙牛、伊利等许多知名企业的产品包装都采用的是利乐包装。利乐公司所生产的利乐枕、利乐包、利乐砖成了中国几乎所有主流乳业公司的首选包装材料，凉茶公司、果汁公司也都在使用利乐的包装材料。

利乐作为全球最先为液态牛奶提供包装的公司之一，是世界上牛奶、果汁、饮料和许多其他产品包装系统的大型供货商之一。它是世界上能够提供综合加工设备、包装和分销生产线，以及为液态食品生产厂提供设计方案的国际性公司。但是你们了解利乐是靠什么赚钱吗？卖包装盒？其实不是。利乐起初的确主要靠卖包装设备赚钱，后来它进行了商业模式的转变，开始把这些包装设备免费送给乳业、果汁、凉茶等需要包装设备和包装材料的企业，换来的是大批包装材料和耗材的订单。

1997 年伊利向利乐购买第一台灌装机，此后利乐的客户也逐渐增多。伊利、蒙牛、娃哈哈、光明、三元、汇源等国内几大乳业及果汁饮料行业巨头，在全国建立 800 多条生产线。利乐源源不断地向它们提供利乐包装纸——主要利润来源。一只 250 毫升的利乐包装盒，其市场价格在人民币 0.4

元左右，仅伊利就生产了采用利乐包装的约20万吨超高温处理奶，利乐的盈利空间可想而知。

利乐进行了商业模式的创新，牺牲一种产品作为代价，换取更大的利润和胜利，正是俗话所说的“放长线钓大鱼”。它的盈利慢慢呈现出两个特点，一是盈利越来越稳定，二是盈利规模越来越大。

企业追求的就是要让本企业在市场竞争中获取更大的优势，让企业利益最大化，以此来保证企业能有长足稳定的发展。所以，商业模式创新对企业成功的重要作用可想而知。

企业往往最缺的就是商业模式的创新。

企业商业模式创新，就是当别的企业还没有商业概念时，就要突出自己企业的新概念；当自己企业的商业概念与别的企业一样时，就要比哪个企业的客户价值更大；当客户价值一样时，就要比哪个企业的核心能力更强；当企业的核心能力差不多时，就只能比实现形式了。

商业模式转换确实难也有风险，正因为难才有价值才值得做，已做了太多先易后难商业模式转换，先难后易。

中小企业路在何方？商业模式转换是唯一的方法。

第一种，走创新道路的企业。第二种，投资创新的投资者。第三种，既是创新达人又投资创新的企业。创新，难，但有价值。创新，费脑，不烧钱！创新，主要来自商业模式创新。创新，对中小企业难，对大企业更难。创新，对传统产业难，对新兴产业更难。

彼得·德鲁克说："我们总是低估长期所可能取得的成就，而往往高估短期内我们能达到的目标。"商业模式道路艰难，可能费时费力，但正是这样，才会使企业获得长期的利益。

企业成长 = 商业模式转换 × 多层次资本。商业模式转换的企业，其价值是传统模式企业的数倍。资本将给予转换者惊人的奖赏和鼓励，对不转换商业模式的企业，市场给予残酷的惩罚。

商业模式转换已势在必行，转换可能成功，也可能失败，但不转换绝对会失败，所以进行商业模式创新是企业发展的必由之路，未来属于懂得改变和创新的企业，那些不能创新的企业必将被时代淘汰。

四、商业模式转换的重点

商业模式转换就是企业主体为了企业的价值、责任最大化，为企业利益相关者提供服务而搭建的一种交易平台，让更多的人为我们分担成本，让更多的人为我们创造利润。

传统商业模式转换的逻辑：供不应求——增量扩能，拼谁的资源整合能力强。

互联网时代商业模式转换的逻辑：供大于求——拼的是谁更能把握社会发展趋势和存量深挖，拼谁更懂客户。

经商要讲究“商道”，商业模式就是“商道”的最高境界。因此，转换商业模式就是实现这个“道”的重要也是唯一的途径。

当下，企业进行商业模式转换的目标，就是企业的任何行为都必须是对自身商业模式的策略反应和优化。

商业模式转换不仅需要选择合适的路径，还需要有效的资源和策略的配合。

商业模式转换的重点如下：

1. 以价值创新为核心

商业模式的核心在于价值创新。企业必须借助商业模式转换，进行价值创造、价值营销和价值提供等，实现企业价值最大化。

以投入最少的商业模式，实现企业价值最大化，就需要提高资源配置效率。知识经济时代奠定企业竞争基础。通过企业的优势，对企业品牌、企业的经验、流程管理、治理制度、客户关系、人力资源等来整合各种社会资源，为企业创造新的价值。

企业可将联系的合作商连在一起，通过方便有效的资源整合，构成快速、可靠、便利的系统，以适应市场环境的变化。企业有必要为客户创造价值，使企业价值网中的所有利益共同体受益。

2. 以客户为中心

企业在商业模式转换过程中，必须以客户为主，加强客户关系管理，由企业本位转向客户本位，以客户为中心，为客户创造价值。

企业必须精心研究客户需求，从客户角度出发，有效地满足客户对自己产品或服务的期望值。建立客户经理制，实施大客户管理，对大客户由专人实施，定人服务、顾问服务、终生服务，通过这种方式使得企业的产品和服务真正满足顾客的需求，有效提高顾客的忠诚度。

3. 利用信息网络平台的力量

董明珠与雷军打赌、打车软件大战升级、余额宝与传统银行的利益争夺战……2014 年，我国出现了很多与互联网相关的新事件，一些企业都或多或少地与互联网挂上了钩，有些更是将互联网的商业模式当成了未来竞争的筹码。

在当下互联网白热化的时代，任何企业脱离了互联网，都无法获得全新的发展。所以，掌握了互联网，就等于掌握了商业模式创新的根本。

网络时代，网络平台可以创造无数的可能。企业需要加快企业商务电子化，使得企业经营的全部商务活动都能用网络来完成。这样，通过信息技术实现电子化、数字化运作，不仅提高效率、降低成本、缩短周期，也大大增强了企业的竞争能力。同时，企业原有的金字塔型结构正在被精良、敏捷、具有创新精神的扁平化“动态网络”结构所取代。这种组织形式通过水平、对等的信息传递来协调企业内各部门、小组之间的活动，实现动态管理；加快信息沟通，能及时并降低监督协调成本；加快市场信息与决策层的反馈速度；提高企业对市场的快速反应能力，而且极大地调动组织成员的潜能和积极性，从而更好地适应竞争日益激烈的市场环境。

4. 打造核心竞争力

首先，要强化供应链管理。从客户的需求出发，经过产品设计、原材料供应、生产制造、批发、零售、售后服务等环节，到最后把产品送达客户，这是和商业活动一起形成的一种特殊的网链结构。而这种供应链管理应该注重的是企业核心竞争力，企业为了赢得竞争优势，势必要把主要精力聚焦在主业上，把优势强化到最大，以形成企业的核心能力，从而最大限度地挖掘核心能力要素的价值潜力。

最后，应该在有限的资源下，获取最大优势，企业应该更加专注于自身的核心竞争力，同时扩大企业支配资源的范围。

商业模式是企业竞争的最高形态，关系到企业的生死存亡和兴衰成败。商业模式转换逐渐超越技术创新，成为帮助企业获得持续竞争优势更为系统的解决方案。一个企业的商业模式，从选择、运用到被新的商业模式所代替，每一步都是在创新。不断转换和创新是企业保持生命力的唯一途径，没有永恒的商业模式，只有永恒的创新。

好的商业模式必须始终保持灵活性和应变能力，只有具有动态匹配商业模式的企业才能获得成功。

商业模式转换关键词：整体规划、分步实施

盲目会导致失败，机会成本是企业最大的成本，错误后，推倒重来是企业最大的代价！所以，规划是商业模式转换成功的起点。在规划时，要掌握分步实施的原则，才能避免更大的错误。

商业模式转换关键词：系统 + 关键细节

点子、想法、一招鲜的时代已经过去了，系统化至关重要，不成系统的知识和想法不仅没有价值，而且是对金钱和生命的浪费。在转换过程中，还应掌握关键的细节，才能做到游刃有余。

五、商业模式转换的四大源泉

1. 客户与合作伙伴的需求

客户与合作伙伴的需求是商业模式转换的重点。商业模式转换的根本在于挖掘和满足客户与合作伙伴的需求。我们看一种商业模式是否有生命力，要看它能为客户与合作伙伴创造什么样的价值，是否能满足客户与合作伙伴的需求。

对商业模式每个人都有不同的理解，它在商业化运作中的重要性不言而喻，真正引领行业发展的商业模式，根源还在于客户与合作伙伴的需求，因为客户与合作伙伴的需求才是整个商业的动力。

IBM 曾经作过一个统计和调查，发现 80% 的创新来自客户和合作伙伴。

优秀的企业满足需求，伟大的企业创造需求。

客户与合作伙伴的需求有时候需要我们去创造，而不是等来的。创造需求，也不是靠传统的营销手段来引导，这就需要对客户与合作伙伴做到真正的了解。需要对一切与客户、合作伙伴有关的信息进行搜集、整理、加工、挖掘和价值再造。

作为一个企业，我们应该探讨客户与合作伙伴的需求。因为这是我们创新的关键，每个企业都应该重视。如果你不知道该怎么创新，不妨去找你的客户，答案就会找到；如果你不知道该如何创新，不妨去找你的合作伙伴，他会给你建议。

在现今网络时代，商业模式成为企业竞争的最高形态的今天，企业需要不断去创新和转换，而这些创新和转换也必须从客户与合作伙伴的需求出发，时刻与消费趋势保持同步，通过市场细分、成本缩减等措施来调整自己企业的商业模式，唯有如此，企业才有活力和可持续发展性。

2. 跨国界、跨行业复制

同行业复制是抄袭，是恶性竞争的开始。同行业的商业模式很容易被复制，因为同行业的我们都清楚、了解。所以同行业复制绝对不是创新，同行业复制就是吃剩饭、抄袭，就是跟着别人走，而跨国界、跨行业复制才是真正的创新，它们复制的是“内在的原理、精髓、方法论”。

跨国界、跨行业复制是商业模式一种极为重要的创新方法。别的行业的案例，完全可以用到自己的行业中，最重要的是，怎么能够把跨行业的做法放到自己的行业里来做。以房地产为例，做房地产的企业千万不要让别人以为你是搞房地产的，没做房地产的企业要想方设法把你的业务资源与房地产对接。全世界成功企业里有40%以上是以“类房地产模式”来获取关键性盈利支撑的，相对来说，中国的房地产业商业模式是严重同质化。

有些企业在定位转换时，第一种方法就是跨国界、跨行业复制。例如，分众传媒，美国有先例，国内如法炮制，终于取得成功。我们把美国、日本和欧洲国家的成功模式放到中国来，这就是一种创新的方法。

复制需要透过现象看到商业模式的本质，不然，复制的只是一个外在的表象，一个概念和提法。就像冰山一样，我们能够看到的海平面上的冰山，只是很小的一部分，而真正的部分都是在海平面以下。对企业来讲，无论是跨国界复制，还是跨行业复制，海平面以下庞大的冰山，都需要我们去创新。

跨国界、跨行业复制还是一种创新，它的难度依然很大，但是只要有了方向，我们就前进了一步。

3. 团队成员的积极参与

“一个篱笆三个桩，一个好汉三个帮。”在任何情况下，做任何事，单靠一个人的力量是不能取得长远的胜利的，必须依靠集体力量和团队成员的协助来共同完成。

一个企业发展离不开一个好的团队，一个团队离不开好的团队成员。社会发展到今天，分工越来越细，每一个独立个体想要完成一个完整项目，几乎是不可能的，企业想要完成商业模式的改变，也离不开一个好团队，离不开好的团队成员。

让每个团队成员都清楚企业的目标，把企业文化和企业内涵传递给每个成员。让每个成员清楚自己在公司所处的重要位置，让每个成员明确目标、任务和整体方向。团队凝聚力越强，企业成员工作热情就越高，做事就越认真，越能不断进行创新，实现良好的工作绩效。

所以，在商业模式转换的过程中，团队成员的积极参与，发挥着至关重要的作用，主要包括团队内部的建设性意见、客户需求的反馈。这些都可以引发超强的头脑风暴，带来别致的创意和良好的建议，也关系到商业模式转换能否在实际中得到有效执行。

4. 掌握转换的方法

“授人以鱼，不如授人以渔。”比找到答案更重要的是掌握转换的方法。

创新的路径等于方法加上行业的洞察力，而这些方法论需要在实际过程中，结合企业自身的情况进行不同的探索、研究，这就需要具有一定的行业洞察力。

行业洞察力不是所谓的行业理解，很多人在一个行业里做了很多年，对这个行业很了解，但并不代表他能够创新。因为了解只是懂得，是掌握了企业的一定的知识和技能，甚至是运作理论和方法，但这些都不代表洞察力。洞察力是在了解的基础上进一步探索和发现。创新需要洞察力、穿透力，如果不能看到这个行业的本质，是无法进行革命性的创新的。所以要想创新，必须从本质入手，了解这个行业的本质到底是什么，才能下手。

举个例子，“如家”，国内商务酒店品牌中规模最大的品牌，在全国300个城市拥有近2000家酒店，多年获得“中国金枕头奖”“中国最佳经济型连锁酒店品牌”殊荣。“如家”在进行商业模式转换时，运用方法论，发现行业的本质——客人只要解决“两件半”的事情，就好了。第一件事是睡个好觉，第二件事是洗个热水澡，剩下的半件事是上网方便。所以，他们就从如何营造一个“家”的感觉上加大力度。有了这样的行业洞察力，才能找到商业模式转换的方法，才能进行下一步的创新，否则在千头万绪中，不可能切入。这就是商业模式转换的源头。

第二章

商业模式转换七步骤

第一步 发展趋势

所谓“顺势而为，事半功倍；逆势而动，事倍功半”，企业管理者及时注意市场发展趋势，作出相应的商业模式创新，才能在现代经济的大潮中乘风破浪，让企业得到良好发展。

趋势是指事物发展的动向，也是指未来发展的走向，即生命运行的规律、能量运行的方向。人们常说“选择大于努力”，就是指趋势的力量，无论是工作、生活、投资、创业，若顺应趋势，顺天命而为，个人力量会呈几何倍数增长。

随着工业经济时代逐渐发展到互联网时代，商业模式也发生了巨大的改变。在互联网的不确定性下，以往的商业模式被颠覆，传统意义上可依托的壁垒被打破，任何的经验主义都显得苍白无力。黑莓、诺基亚、东芝、摩托罗拉等多家国外著名传统电子厂商被兼并、倒闭的消息接踵而至，而苹果公司曾经是世界上市值最高的公司，中国的小米公司成立 4 年，市值已超百亿美元。

这些例子表明，互联网时代的商业模式，需要让消费者参与生产和价值创造，让厂商与消费者连接，厂商与消费者共创价值、分享价值。这样才能够既享有来自厂商供应面的规模经济与范围经济的好处，又享有来自消费者需求面的规模经济与范围经济的好处。

很多企业都停留在过去商业模式转换的逻辑思维上——市场的趋势是，产品供不应求，企业想办法去增量扩能，最后是拼谁的资源整合能力强，谁就能在市场上取得优势。

在互联网时代，未来商业模式转换的逻辑发生了质的改变——市场的状况是，产品供大于求，现在拼的是，看谁更能把握社会发展趋势和存量深挖，拼谁更懂客户，抓住客户。

互联网的特性驱动新商业模式的发展，互联网让传统的产业分工，以往成功的商业模式变得毫无意义，使得厂商的商业模式具有高度的随机性和不固定性，厂商已经没有坚固的堡垒可以依托和支撑，只能追求商业模式的创新。

互联网时代的商业模式具有极强的不可复制性，没有一模一样的东西，也没有完全相同的商业模式。

现代企业顺应时代的发展趋势，全面了解社会发展趋势，及时对企业作出相应的商业模式转换，这样才能在发展的道路上顺风顺水。雷军说过一句话："只要站在风口上，猪都能飞起来。"所以，如果了解并清楚商业趋势，比单纯提高执行力要强得多。

什么是社会发展趋势？就是社会未来发展的走向，即构成社会单体因素发展趋势的总和，泛指政治、经济、产品等。

社会发展趋势的具体表现：从量变到质变；从制造到智造；从外企、国企到民企；从政府到市场；从出口、投资到消费；从引进来到走出去；从粗放到精细；从规模到价值；从模仿到自主创新；从低成本到高附加值；从国内到国际；从关系到能力；从短期利益到长期利益；从复杂到简单；从收费到免费；从风险到机会；从资产到价值；从城市到农村；从传统到科技智能；从消耗到节能环保；从单打独斗到合作联盟等。

花旗银行首席经济学家保罗·皮尔泽曾经预言：健康产业是 21 世纪的财富趋势。

因为，随着全球气候变化、环境恶化、空气污染、水源污染、食品危机，人类健康面临空前挑战。

清新空气，洁净好水，优质营养保健食品，科学健康的生活方式，成为人类最大的需求。健康产业正在演变成为 21 世纪最大的财富趋势，这就是我们面对的商机。

从我们现在的角度来看，他的预言也就是顺应了世界的发展趋势，所以说选择比努力重要，方向比方法重要，趋势比优势重要。

对于商业来说，这是一次划时代的革命，经济运行核心已经从计划经济的政府和市场经济的厂商转向互联网经济下的顾客。

随着社群平台的进一步发展，在未来价值载体的发展上，传统的供应端与消费端会得到极大的融合，供应端将成为两端沟通的平台提供商，而产品的设计乃至生产将由供应端与消费端共同决定。

由此可见，企业的发展不是跟流行，而是跟趋势，要跟对趋势、把握趋势，找到需求或困惑，把需求和困惑转换成商机，根据商机给企业作好客户定位。

第二步　客户定位

如今的互联网时代，企业的生存和发展面临着极大的挑战，这都需要企业管理者有正确的思路和明确的发展方向。一个企业要想在市场中赢得胜利，首先必须明确自身的定位。定位就是企业应该做什么，它决定了企业应该提供什么特征的产品和服务来实现客户的价值。定位是企业战略选择的结果，也是商业模式体系中其他有机部分的起点。

企业的定位直接体现在商业模式所需要实现的顾客价值上，强调的是商业模式构建的目的。同样的定位可以有不一样的商业模式，同样的商业模式也可以实现不一样的定位，在商业模式的定位中，选择不做什么与选择做什么同样重要。

每一个企业在设计商业模式时，首要工作就是选择和定义精准目标客户。也许你的企业经过长期的发展成长为超级企业，可以做到天下通吃，每一个人都是你的客户。但是一开始绝对不可能做到。企业必须找到一个精准的客户群切入，切入得越精准，风险就越小，成功越可期待，在取得初步成功后再逐步延伸目标客户群。企业做什么，有什么样的特征产品和服务，直接影响实现客户价值。

企业首先必须明确自身的定位，实现对客户定位观念的改变，那么引出了一个问题，什么是客户定位？客户定位就是对客户进行评估，以确定客户是怎样的想法，进而改变自己以满足客户的要求，在客户的心里形成一种与众不同的价值观念，在客户心里占有一定的空间。

对企业而言，商业模式转换就是一个正确的思路和方向，如同明灯，指引企业冲出阴霾，走向希望和光明。企业管理者在寻找自身定位和出路的过程中，也将随着管理环境的变化，不断完善其发展思路和方向，带领企业走上一条稳定、持久发展的道路。

1. 客户定位四步骤

企业客户定位要遵循四个步骤，企业通过简单明了的“四问法”，可以让用户更清晰地认识和了解企业。

（1）我是谁？（通常是企业或公司的名字）

（2）我服务的精准对象是谁？（就是企业产品所对应的用户或范围）

（3）我服务的对象有什么核心的需求？（在行业内众所周知但尚未实现的需求，客户尚未发现、尚未表达的需求）

（4）我提供什么样的产品或服务，满足服务对象什么核心需求？

（企业产品给用户带来的实际价值）

例如，模世能，聚焦中小企业，提供商业模式转换一站式解决方案。

2. 客户定位五大原则

（1）领先原则。高露洁（含氟防蛀牙膏）、娃哈哈（第一种矿泉水）、乐百氏（第一种纯净水）、农夫山泉（第一种天然水）；IBM（最早进入计算机）、DEC（微型计算机）、戴尔（电话营销计算机）、微软（软件领域的计算机）、英特尔（微处理器计算机）、康柏（便携式个人计算机）。

（2）类别原则。做不到行业第一，也要创造一个类别使自己第一。比如，沃尔沃（安全）、宝马（驾驶舒服）、奔驰（高贵）；霸王（防脱发）、海飞丝（去头屑）、飘柔（柔润头发）、潘婷（营养头发）；红星美凯龙（一站式）、宜家（设计）、居泰隆（减少中间环节）等。

未来各个行业的巨大商机在于细分市场。

计算机的分化：操作系统类别、芯片类别、键盘鼠标类别、存储类别、打印机类别、投影机类别、扫描仪类别。

手机的分化：高端手机、低端手机、时尚手机、女士手机、儿童手机、老人手机。

电视的分化：广播电视、有线电视、卫星电视、付费电视、机场电视、电梯电视、厕所电视。

百货商店的分化：运动鞋店、婴儿商店、床上用品店、图书馆、休闲服装店、家具店、珠宝店、女性内衣店、化妆品店、男士西服店、宠物店、运动用品店、玩具店、皮衣店、残疾人用品店、左撇子用品店。

酒店的分化：常规酒店、套房酒店、汽车旅馆、公寓酒店、高档酒店、中等价位酒店、平价酒店、女士酒店、学生酒店。

医学界的分化：心血管疾病、临床、危重病学、内分泌学、肠胃病学、血液科、传染病、肾脏学、五官科、肿瘤科、肝胆科、风湿科、运动医学。

法律的分化：管理机构、政府法规、海事法、反垄断法、航空法、破产法、婚姻法、合同法、建筑法、公司法、犯罪法、残疾人法、劳工法、环境法、特许权法、版权法、专利法、房地产法、税法、遗产法。

水的分化：在中国分为纯净水、矿泉水、矿物质水、维生素水、高档矿泉水、瓶装水等；在美国，分化更为激烈，有常规水、高档水、加钙水、尼古丁水、咖啡因水及氧化婴儿水等。

婴儿药品的分化：感冒药、长效感冒药、日（夜）服感冒药、中西药结合感冒药、低价感冒药、小儿感冒药等。

牙膏的分化：美白的、坚固牙齿的、防蛀的、防过敏的、预防上火的、清新口气的、食盐口味的，以后可能还会有女性牙膏、男性牙膏、老人牙膏，而这些都是分化的商机，如果能再创造一个分化的类别牙膏，就会在市场上领先，更重要的是深入人心。

维生素的分化：孩子的、老人的、婴儿的、男人的、女人的、孕妇的、吸烟者的。

牛奶的分化：原味的、各种果味的、含果类的、拌果酱的、低糖的、无糖的、低脂的、脱脂的、高铁高钙的、添加各种微量元素的牛奶等。以后可能还会有婴儿牛奶、孕妇牛奶，这些都是商场上的空白。

广告行业的分化：电视广告、网络广告、报纸广告、杂志广告、户外广告、广播广告。户外广告又可以继续分化：地铁广告、街道广告、零售点广告、交通广告、大看板广告、电梯广告、计程车广告、厕所广告等。

咨询行业的分化：专门做服装的、专门做零售的、专门做餐饮的、专门做中小企业的、专门做房地产的、专门做城市规划的、专门做保健品的、专门做管理的、专门做人力资源的、专门做 IT 的、专门做营销策划的、专门做奢侈品的。如果做一家咨询公司，最好做一个方面的咨询就够了，要是什么都做，则很难生存下来。咨询行业和所有行业也是一样，能够存活 5 年以上的，不到 5%。

所以说，要想开创蓝海市场，必须从分化中找规律，整合同样可以开创一种新的蓝海，但是不一定能够成功。

（3）聚焦原则。舍得，即有舍才有得，做大事业的人真正挑战的是自己，而不是别人。他的人生不是做加法，而是做减法。比如，任正非读万卷书、行万里路、做一件事。国外著名企业戴尔电脑，一个产品（个人电脑），一个市场（商务市场），一个渠道（电话直销）；“通用”生产很多产品最后破产，保时捷只生产跑车最后成功。

飞机起飞的时候要用 110% 的功率才能离开地面，当到了一万米高度时，只用额定功率 60% 就能以每小时 965 公里的速度飞行。企业如同一架飞机，上升期需精准目标，集中精力，即聚焦原则。

聚焦原则要求把握三点：

①精准（对象）。

②核心（节点）。

③隐性需求（关键）。

以价格战、同质化竞争为例。如何摆脱价格战？如何结束同质化竞争？为什么会有价格战？为什么会有同质化竞争？因为竞争企业满足的是相同客户的相同需求。

解法：满足不同客户的不同需求。

常见错误：我们的客户群很广，遍布各行业；我们的客户群从 18 岁到 60 岁，遍布全国各地。如果是这样，满足相同客户相同需求的可能性很大，我们全国有 100 家加盟商、代理商。经销商、加盟商不是“客户”，是“合作伙伴”。“客户”是指最终购买者、最终使用者。

消费品：场景和客户同样重要，定义场景（使用、购买）就是定位客户。

模世能培训咨询业务的目标客户定位（聚焦）成长型中小企业；心怀梦想，希望做大做强的企业；目标远大，希望融资并购挂牌上市的企业；不甘现状，希望商业模式创新求变的企业。以客户需求为立足点设计商业模式。

用 90% 的时间关注目标客户，研究客户需求，把 10% 的时间留给竞争；用 90% 的时间研究客户需求，用 10% 的时间开发产品。产品是满足目标客户核心级隐性需求的载体和工具，因此，随着需求的变化，产品一定要“随需而变”。目标客户的核心级隐性需求主要指，尚未被满足的、客户迫切需要的、市场空间巨大的需求。

核心级需求指目标客户迫切需求的、直击人心的关键级需求。隐性需求指行业众所周知但尚未实现的需求，客户尚未发现、尚未表达的需求。如何满足行业众所周知但尚未实现的核心级隐性需求？提升企业价值。中小企业都想转型升级与提升市值，通过商业模式转换与资本运作双轮驱动，真正实现中小企业家的梦想。

如何挖掘与实现客户的核心级隐性需求？众所周知但尚未实现的核心级需求，往往挖掘易，实现却不易。客户尚未发现、尚未表达的核心级需求，往往挖掘难，实现未必难。

系统性即商业模式转换与营销、销售的关系。核心级隐性需求就是产品利益点设计的基础。以汽车附件为例：

汽车产品支撑点与利益点关系对照表

产品支撑点（品类元素）	产品利益点
GPS 导航	指引路线
雨刷器	保持视线清晰
新材料的刹车鼓	及时减速，停车
新型的挡风玻璃材料	开车视线清晰，通透

大企业都是从小企业做起来的，成功的大企业在“中小”阶段，都是聚焦一类客户群。即使做大了，成功的多元化大都是通过投资进行战略布局，而不是自己做。即使依靠投资布局，多数是遵循“满足

同一客户群的不同需求”思路，而不是横跨多个客户群。做企业，“不同”比“更好”更重要，创新，更关注“不同”，而非“更好”。精准客户定位核心级隐性需求，只有做到“一米宽”，才可能抵达“百米深”。

（4）对抗法则。就是和老大对着干，别人认为你是老二老三。

比如：汉堡王和麦当劳，可口可乐和百事，清华和北大，国美和苏宁，统一和康师傅，柯达和富士，金蝶和用友，亚马逊和当当网，百度和谷歌，王老吉和加多宝，郝兹和安分士，联邦快递和UPS，茅台和五粮液，波音和空客，蒙牛和伊利，恰恰和真心，思念和三全，双汇和雨润，浪莎和梦娜，立邦和多乐士，模世能和麦肯锡，顺驰和万科，诚宇和中央，真功夫和肯德基，英国维珍可乐和可口可乐。

对抗法则的具体操作：

①分析整个外部环境，决定我们的竞争对手是谁？

②避开竞争对手在顾客心智中的强势，或是利用其强势中蕴含的弱点，确立自己的优势位置（如果你真的想成功，就不能忽视竞争对手的地位，也不可离开自己的位置）。如安飞士、七喜、云南白药创膏贴、清扬、宝马、百事可乐、汉堡王等（你有了新产品后，告诉潜在顾客该产品不是什么，往往要比告诉他们该产品是什么还管用）。

③为这一定位寻求一个可靠的证明——信任状。如王老吉（中草药）、沃尔沃（6个安全气囊）、云南白药牙膏、云南白药创膏贴等。

④将这一定位整合进企业内部运营的方方面面，特别是传播上要有足够的资源，以将这一定位植入顾客的心中。

（5）客户价值最大化法则。不是你想卖给客户什么，而是客户需求什么?

①功能需求：满足需求（衣、食、住、行、性）。

②荣誉需求：挖掘需求（重要性、安全、成长）。

③精神方面：创造需求（爱与被爱、自由、认可）。

不是你想和客户建立什么关系，而是客户需要和你建立什么样的关系；不是你想让客户付多少钱，而是客户会为什么样的价值付钱。比如，德国刀具厂、雅昌印刷、IBM解决方案等。

3. 定位创新的几大通道和途径

（1）不走寻常路，才能有出路（差异化）。

（2）我是第一我怕谁。因为人们总是记住第一，记不住第二（中国第一个登太空的杨利伟、中国最著名的烤鸭店全聚德）。

（3）要么最老，要么最新（开创者、引领者，如可口可乐、戴尔、微软操作系统、英特尔处理器）。

（4）让客户觉得你有秘方（周黑鸭、云南白药牙膏、红牛、加多宝）。

（5）成为专家（老板牌抽油烟机、米其林轮胎）。

（6）只强调核心点，忽略非核心点（模世能“转换”、王老吉“去火”、海飞丝“去屑”）。

（7）关联相关认知。操控心智中已经存在的认知，重组已存在的关联认知，不是去创造某种新的、不同的事物。

一般人可以忍受别人对他们说一些自己一无所知的事情，如新闻、新生事物。一般人不能容忍别人说他们的想法是错的，改变心智是定位的灾难。你应聚焦于潜在顾客的认知，而非产品的现实。认知就是现实。无铅汽油、无内胎轮胎、不用马拉的车都是参照老概念定位。

安飞士在租车行业只不过是第二，为什么还找我们？因为我们工作更努力。安飞士成功是因为关联了赫兹，不是因为努力。还有蒙牛，一开始把自己定位为内蒙古乳制品第二品牌。

4. 企业定好位的载体

（1）功能方面：加多宝，红牛，海飞丝。

（2）质量方面：蒙牛“高钙奶”，乐百氏纯净水“27 层净化”，农夫山泉“只生产天然水”。

（3）感情方面：纳爱斯洗衣粉“妈妈我能帮您干活了”，丽珠得乐胃药“其实男人更需要关怀”，柒牌服饰“男人就应该对自己狠一点”。

（4）观念方面：IBM“就是服务”，诺基亚“科技以人为本”，飞利浦“让我们做得更好”，招商银行“因您而改变”。

（5）高端方面：星河湾“中国房地产的劳斯莱斯”，冷酸灵“中国驰名商标”，劳力士、LV“专为富人和贵人打造”。

（6）领袖方面：百威“全球最大的啤酒品牌”，双汇“开创中国肉类品牌”，雅戈尔“衬衫专家”，通用电气“全球最大的电器公司”。

（7）价格方面：戴尔电脑“物超所值，实惠之选”，奥克斯空调“让您付出更少，得到更多”，乐士胶卷“花得少，拍得好”。

（8）文化方面：小糊涂仙“难得糊涂”，金六福“福文化”，茅台酒“国酒”。

（9）历史方面：国窖“1573”，黄鹤楼香烟“1916”，美的好“20年只会做美容”。

（10）群体方面：有选择性，集中火力于一个目标，细分市场。比如，海澜之家“男人的世界”，哈药“护彤”“儿童的感冒药”，亲和源“养老地产”等。

由此可知，以后企业最大资源不是土地、资本、人力、知识等，而是品牌在客户心中占据的心智资源。没有心智资源的牵引，其他所有资源都只是成本。定位让我们更好地占据了客户的心智资源，也让我们有针对性地建立企业定位。

第三步　业务系统

1. 什么是业务系统

业务系统，是指企业达成定位所需要的业务环节，各个合作伙伴在其中扮演的角色，以及利益相关者合作与交易的方式和内容。它是解决企业利益相关者的分配问题，使企业能够更好地满足客户需求的方式。业务系统是商业模式的核心，业务系统不仅仅是赢得企业竞争优势的必要条件，同时也有可能成为企业竞争优势本身。

企业内部和企业间的价值创造是由一系列活动构成的，这些互不相同但又相互紧紧关联的经营活动，组成了一条价值链。价值链的展开离不开客户，离不开营销、研发、服务等这些高价值区，否则在生产制造环节的投资都只能是低利润、高风险。这个整体就是一个创造价值的动态过程。各个行业的业务系统构造都离不开行业价值链、企业内部价值链以及合作伙伴的角色。

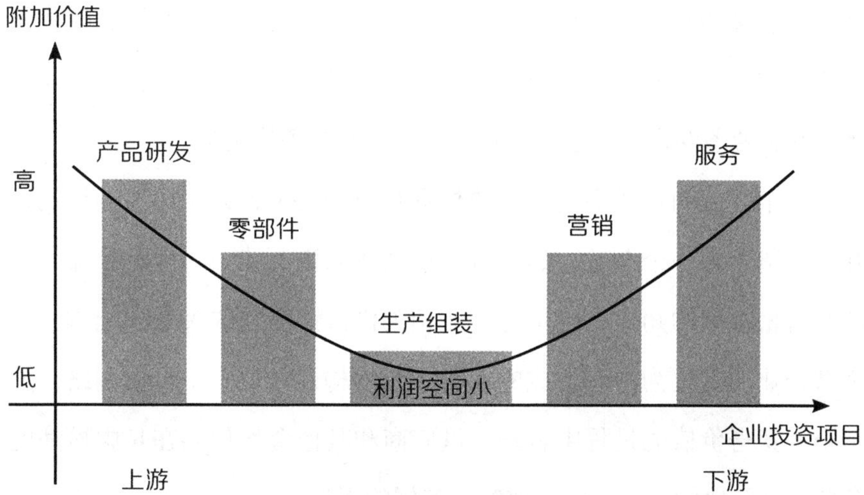

企业优先投资的高价值区

产品研发和服务都是以客户为中心的。企业的业务系统，要让企业业务交易的参与者，在利益驱动下，为企业尽心尽力创造最大的利益。企业必须优先投资研发、营销、服务等高价值区，注重人才的引进和培养，对于“生产制造环节”可以实行外包的方式。

一些企业经常会陷入固定资产的误区，对于设备、土地、厂房等资产进行大手笔的投资，而这些东西从买到手里开始就已经贬值，土地虽然是增值或保值的，但是其速度赶不上企业的价值增长，很多企业甚至面临价值的递减，有的企业直接被拖垮，面临破产，得不偿失。企业正确的定位形成的业务系统，精确的可持续发展的投资，更能节省资金，使企业的利益最大化。

在商业模式中，业务系统是最为重要的组成部分，是商业模式设计最有意义的部分，它设计得是否合理，直接关系到商业设计模式是否能够实现。高效运营的业务系统，不仅仅是为企业赢得在市场竞争优势的必要条件，同时也可能直接成为企业竞争的优势。

一个高效的业务系统，需要根据企业的定位，识别相关的活动，并将其整合为一个系统，然后再根据企业的资源能力，分配外部和内部利益相关者的角色，确定与企业相关价值链活动的关系和结构。这个以企业的定位为中心形成的业务系统结构，就是一个价值网络，展示企业获得价值的过程中客户、供应商和其他合作伙伴在其中扮演的角色，以及他们对企业的价值产生怎样的影响力。

2. 建立企业业务系统途径

（1）把握关键环节，重新组织产业价值链。将产业价值链的附加值由低向高转变，企业业务过程工序从上游渐渐转向下游，业务环节也转向核心技术、原材料和产品开发、零件生产、组装、销售、售后服务、运营托管。如义乌小商品市场、太和医药批发市场、IBM 整体解决方案等。

（2）优化企业内部价值链，获得专业化的集中优势。用同一种语言模式进行表达，同一种行为模式进行行动，同一种利益模式进行推动，同一种思维模式进行思考；如国内某服饰公司，主要承接欧美服装加工订单，内部模式变革让公司起死回生，还有格兰仕、海尔等。

（3）深化与产业价值链上中下游企业的协同关系，整体化快速适应市场，如浙江正泰集团整合经销商变专卖店，还有万向集团、汇源果汁、太和医药批发市场、诚宇包装等。

（4）强化产业价值链的薄弱环节，释放整体能量。上市公司湘火炬对上游国外经销商的收购、蒙牛对牛奶站的收购、青岛啤酒对全国48家低效益啤酒厂的收购整合等。

（5）构筑管理型产业价值链，不断提高系统协同效率。沃尔玛的成功就是在自身经营时与供应商建立战略联盟的加强合作，培养了大量的忠诚客户，降低了运营成本，然后使用科技化、智能化、金融化的力量，使其具备强大的市场竞争力，成为行业的佼佼者；还有老娘舅快餐、星巴克、麦当劳等。

企业建立好业务系统，可确保通过内部能力使商业模式得到运转和创新。

以可口可乐为例，最早是以“特许装瓶模式”在第二次世界大战时期发展起来的，那时候可口可乐作为鼓舞士气的饮料被军队和特定人群使用，而在装瓶商中可口可乐并不占有任何的股份，它的收入来自浓缩液的销售和自己品牌的授权费。1981年，可口可乐的CEO由郭思达担任，他提出了可口可乐消费群的局限性，对于占取市场份额的影响。而那时候消费者的价值观念也已发生了转变，他们更加需要非碳酸饮料，于是可口可乐加入了非碳酸饮料的生产行列。客户需要的饮料，占所有可口可乐产品的一大部分，这是可口可乐业务系统的巨大变化。他们向装瓶商收回特许权、购买股份，向下整合产业链。

2007年，可口可乐已经对75%的装瓶商进行了参股，其中还包括23%的控股。可口可乐还对饭店、商场、酒店等高利润区推行“自动售货机”，这些地区人们更在意的是方便快捷，对于价格相对不是那么注重，因此获得了丰厚的利润。

可口可乐对装瓶模式业务系统进行重组，成立“可口可乐装瓶投资集团”并上市，收购下游的一些装瓶商。将一些装瓶商整合起来，可口可乐有了资本和供货商、销售渠道重新谈判，就将一些多余的劳动力去除，节约了成本。

装瓶业务系统的重整，使可口可乐在非碳酸饮料领域取得了突破性的发展，在北美洲和欧洲的产品架构中，非碳酸饮料占了43%和32%的高份额。为了进入即饮型咖啡饮料市场，可口可乐又与雀巢进行了合作，共同成立了一家公司（BPW），他们各占一半的股份。作为咖啡领域的佼佼者，雀巢负责提供饮料主剂，可口可乐则提供管道。他们相互合作，虽然现在在市场中占有很小的份额，但是其增长率还是可观的。

可口可乐通过业务系统的重整，对企业有了更精确的定位，注重关键资源和能力的强化，更符合顾客的需求。这使可口可乐公司取得了非常好的成绩，利润持续增长。

系统性价值链关键点：多点均衡系统 VS 单点竞争；投资高价值区 VS 资源错误配置；动态重构 VS 孤立静态。

中小企业务必密切关注价值链动态变化所带来的机遇与危险，引入新的价值链环节，重组现有的价值链环节。现在互联网、国际化、资本化正在改变商业世界，正在颠覆和重构各行业价值链。

互联网作为新一代商业社会的基础设施，给行业带来的是成本结构的改变；国际化，就是洞察趋势，具有全球视野，在中国应用；而资本与业务越来越像硬币的正反两面，想要把硬币价值最大化，两者缺一不可。

3. 把握构建业务系统的方向

（1）成本方面，实现固定成本向可变成本结构的转变。对于很多企业来说，并不能够正确认识固定成本和可变成本，对其认识模糊，有的还认为只有一些特定的行业才能实现这种模式。其实，对于任何行业来说，都是可以实现成本结构模式的转变的。比如，保洁产品创新，通过平台包给消费者；苏威集团制药公司，研发外包给昆泰制药服务；如家租赁物业，和物业合作。

（2）跨行业杂交融合的方向。行业不再是独立的，跨行业杂交融合成为一种趋势，如微信和电信业的结合。

（3）互联网和传统产业的结合。传统的产品已经不能满足市场的需求，企业要想具备较强的竞争力，不被市场所忽略就要实现互联网和传统产业的结合。就像游戏业和旅游业结合、余额宝和银行、中国移动携手“七剑闯江湖”，这些都是典型的传统产品的转型。

（4）行业娱乐化方向。《中国好声音》《超级女声》这些节目的大量传播。

（5）各种金融及衍生综合运用的方向。企业不只注重自己产品的生产、销售，对各种金融产品、衍生产品也开始综合运用。如电脑经销商与担保公司、艺术家同信托、银行合作，实现盈利。

（6）从产业链的低盈利区向高盈利区移动的方向（ODM—OEM—OBM）。构建业务系统的未来方向，企业不管转变成什么样的商业模式，都是为了赖以生存的利润产生，从产业链的低盈利区向高盈利区移动的方向。如劳斯莱斯实行外包生产，萧山恒逸集团向上延伸产业链等，这都是向高盈利区的转变。

（7）企业的资产方面，从重资产到轻资产方向。随着社会的发展，市场也发生了变化。如高通、可口可乐、普洛斯仓储等。

（8）盈利来源多样化方向。企业的盈利来源不再局限于一种产品或方式，而出现多样化的形式。如赫兹租车、世邦魏理仕、花样年华物业等。

（9）利益相关者角色多元化趋势。利益相关者的角色不是固定的，成都三圣花乡、MINT 富豪俱乐部、华为等，渐渐呈现多元化的趋势。平台模式是价值链经营的最高境界，合作或自建一个平台，或者融入一个平台。中小企业运用业务系统要注意，投资内部价值链中的研发、营销、服务这些高价值区，并要时刻关注企业间价值链变化带来的机遇和风险。

业务系统直接决定了企业在市场中所具备的竞争力，而当企业业务系统已经不能够使企业具备竞争优势的时候，就要及时重构业务系统，提升竞争力，使企业能够更好地生存发展。

第四步　创利模式

企业的创利似乎变得越来越艰难，这由诸多企业包括一些国际知名企业的倒闭可以证明。同时，企业的盈利似乎又变得前所未有的简单，因为越来越多的大型企业在一夜之间扬名立万。过去，一家企业从无到有，从小到大，往往要经过较长时间的奋斗；今天，越来越多的企业在不经意之间快速成长。只有符合这个时代的创新的盈利模式，才能够给企业带来勃勃生机，并使其快速成长。

1. 创利模式的概念

创利模式，就是如何从为顾客提供的产品和服务中，找到赚取利润的方法和方式。

如何找到更多人，帮我们承担企业成本？如何找到更多人，帮我们的顾客付钱？如何提升企业相关附加价值？

创利的创新性设计：公司所有的产品、业务都要以创利为目标。敏感商品(开门性产品)超低价格，非敏感商品(高利润产品)高价高利。

创利的颠覆与重组：竞争对手靠A产品创利，你不靠A产品创利，靠B产品创利，不是价格战。

产品的定位选择：要善于打组合拳（开门性产品＋高利润产品）。

2. 创利点具体来源

（1）所有权盈利，如销售车子、房子。

（2）广告盈利，如谷歌、百度、Tune Hotel（图恩）廉价酒店。

（3）租赁收费，如富士施乐复印机、九阳商用豆浆机、小米豆浆机。

（4）授权收费，如QQ卡通图像授权、美国的高通公司技术授权。

（5）使用收费，如打手机收费、快递公司按远近收费、远大空调从卖空调到卖舒适度等。

（6）经纪收费，如房产中介收费、支付宝、携程网、深圳农产品交易所（席位费、档位费、进场费、交易费等）。

（7）订用收费，如健身会员卡、餐饮卡、美容卡。

（8）增值服务收费（整合收费），如餐饮连锁企业小肥羊、夕阳的制盐产业、以色列送电汽车、卡地纳健康公司、天宇朗通、欧派、雷士照明等。

（9）资金盈利，资金周转，资金运作，如唯品会。

（10）延伸收费，如动画片、电影大片后段收费。

3. 创利模式的表现形式

（1）产品创利。包括：

①主营创利（父母）。主营创利是企业创利的冲锋兵，只有主营产品才能抓住一些客户，并以此为基础才能进行其他创利。主营产品就是企业里面的父母，一切商业模式转换创新都必须围绕主营产品。比如，麦当劳、肯德基的主营产品就是汉堡、薯条、鸡翅等。

②关联创利（子女）。关联创利就是依附于主营产品创利的产品，这是企业创利的保障，也是企业盈利的主要来源点。关联创利是企业商业模式转换不可缺少的，它就是主营创利的子女，二者都是缺一不可的。比如，麦当劳、肯德基关联产品就是可乐、咖啡、果汁等。

③次主营创利（兄弟）。次主经营创利就是依附主营创利延伸出来的创利产品。可以把次主营创利比作是企业第二种产品的开发，但是它还必须依靠在主营产品上面。比如，麦当劳的地产。

④辅营创利（连襟、小舅子）。辅营创利就是以主资源为背景孵化出创利项目。它借助企业在地区的代理商进行销售，企业收取相应的代理费用也可以称为辅营创利，同时在对主营产品的原材料进行相应的配送中也可以让企业获得创收，这也是辅营创利。

⑤第三方创利（社会关系）。第三方创利就是和其他资源合作带来的企业盈利。比如，企业主营产品交由其他企业生产、加工收取相应的保证金；企业主营产品在做媒体宣传时附带的广告费用，如汽车宣传可以附带轮胎、内饰、导航广告等。

⑥财务创利（员工）。财务创利就是企业通过内部运营进行市场

投资。比如，企业通过内部融资发行的基金，企业上市发行的股票，等等。

（2）经营权创利。企业的经营者掌握对企业法人财产的占有、使用和收益的权利。企业的经营者只有拥有了企业法人财产的经营权之后，才能根据市场的需要，独立作出企业的经营决策，自主地开展生产经营活动。

企业经营的关键不是你今天是否盈利，而是你5年、10年以后是不是仍能赚到更多的利润。今天盈利不准，也不重要，重要的是5年、10年以后能不能持续盈利，能不能获取更多、更大的利润。

常见的三种创利形式：

①代理权创利，包含县级代理、市级代理、省级代理、国家代理。

②分公司创利，包含县级分公司、市级分公司、省级分公司。

③合伙人创利，包含普通合伙人、中级合伙人、高级合伙人。

其中，代理商在产品销售模式上比较常见。代理商一般是指赚取企业代理佣金的商业单位，因为商家不是销售自己的产品，而是替企业代卖，所以销售的产品所有权归属于厂家，所代理货物的所有权属于厂家。代理商的职责主要是为他人促成交易和缔结交易，代理商不一定都是商人，但一定都是以盈利为目的的，代理商必须是独立的商事经营者。

（3）品牌创利，即把公司品牌变成一种商品，进行销售。企业品牌可以通过品牌溢价、品牌背书、品牌授权、品牌转让、品牌共享等手段来获得品牌收益。

①品牌溢价，即品牌的附加值。同样的产品，一个品牌能比竞争

品牌卖出更高的价格，这就被称为品牌的溢价能力。要使品牌溢价，就要塑造品牌形象、赋予品牌价值、提高品牌质量、标明产品档次、提高品牌创新、价格定位明确。影响品牌溢价的因素有，消费者所具备的经济能力、消费者对该类商品的品质评价、消费者的品位偏好、该类产品品质变动程度、消费者购买该商品的频率。

②品牌背书。品牌背书是公司的品牌或标志，指某一品牌以某种方式出现在包装、标号或者产品外观上，但不直接作为品牌名称。它是一种品牌营销策略，是品牌为了增强其在市场上的承诺强度，借用其他企业或公司的信誉，对原先品牌的消费承诺作出再一次的确认和肯定，使该品牌对消费者先前的承诺再度强化，与消费者建立一种可持续的、可信任的品牌关联，增加消费者的好感。

③品牌授权。授权的企业或公司将自己所拥有或代理的商标或品牌等，以合同的形式授予被授权者使用。被授权者按合同规定从事经营活动，向授权者支付相应的费用。授权者给予被授权者人员培训、组织设计、经营管理等方面的指导与协助。品牌授权是许多企业进行市场营销的重要手段，品牌授权已成为现代最有力的市场推广和品牌延伸的有效方法之一，并正以更多不同的形式出现。

④品牌转让。品牌转让是企业在获得产品经营权和所有权之后进行的一种商品交易，企业通过对产品的影响力和知名度进行市场评估，向需要购买企业品牌的公司收取一定的费用，企业由此获得一定的收益。

⑤品牌共享。企业实行品牌共享，不但可以向获取共享品牌的公

司收取相应的费用，也可以节省企业费用开支，几个企业集中资金为同一品牌做宣传。对每个企业而言，每一单位的费用开支就能获得几个单位的回报，在品牌宣传上也会达到很好的效果，提高共享品牌的知名度和影响力。通过品牌共享，实现销售渠道共享，使品牌的影响力长期延续下去，避免因单一产品寿命的终结而终结，使单个企业有余力研发产品新功能，开发新产品，完成产品的更新换代。

（4）专利创利。专利创利就是通过一个企业的专利来提高自己企业的信用，从而提高企业创利能力的过程。专利创利可以通过专利授权、专利溢价、专利转让、专利合作来实现。专利授权是指专利企业将自己的专有专利权利以盈利的手段交付别的企业使用，并允许进行制造、贩卖和推广。企业通过专利的授权可以将企业自身的产品普及化，还能提高企业的知名度，而专利权人本身并不用承担太多的成本，随着专利的商品化，企业还能够持续获取利润。

（5）股权创利。股权创利是企业利用股权进行企业融资、盈利、商业转换的一种方式。股权创利的形式有出让股权、估值运营、收购股权、并购股权等等。出让股权是指中小企业出让企业的部分股权，以筹集企业所需的资金。企业也可以利用增资扩股向社会募集股份、发行股票、新股东投资入股或原股东增加投资扩大股权，从而增加企业的资本金，并可以用增加的注册资本，投资于必要的项目，比如上市等。

股权创利包含以下几个方面：

①原始股：是公司在上市之前发行的股票。原始股包括资产投资，

资金投资、产权投资、技术投资等。

②期权股：是公司给予其经营者一定的时间期限，经营者得到的既不是现金报酬，也不是股票本身，而是一种权利，经营者可以以某种优惠条件购买公司股票。

③虚拟股：也叫红利股，指公司授予激励对象一种虚拟的股票，激励对象可以享受一定数量的分红权和股价升值收益，但没有所有权，没有表决权，不能转让和出售，在离开企业时自动失效。

④傻瓜投资：仅次于原始股的货币投资，一般溢价在 2 倍以上。

⑤天使投资：指原创项目或小型初创企业，进行一次性的前期投资、早期投资，目的是获取相应的利润，随后退出。

⑥ VC 投资：指通常定义下的风险投资，目的也是在获利后退出。

⑦ PE 投资：即“私募股权投资”，是指投资于非上市股权，或者上市公司非公开交易股权的一种投资方式。主要用小产业投资进行募集资金，这种投资一般在企业上市后退出。

⑧ IPO 投资：指公募基金发行，企业上市。首次向社会公众公开招股的发行方式。企业主要用来上市，进行公募基金发行。

⑨市值创利：企业把股权当作一种产品去销售来获得公司收益。“人无商不富，无股不大富。”很多上市企业对公司的股权都有特定的分配。购买股权产品的这种方式也可以称为股权投资，也就是公司或个人通过投资取得被投资单位的股份，是指企业或者个人购买的准备上市、未上市公司的股票或以货币资金、无形资产和其他实物资产直接投资于其他单位，最终目的是为了获得较大的经济利益，这种经

济利益可以通过分得利润或股利获取，也可以通过其他方式取得。

股权创利模式还可分为五种计价方式：数量计价，如施乐复印机、上课效果；时间计价，如通用飞机发动机卖时间、手机通话收费等；效果计价，如广告公司靠设计效果收取费用；增量计价，如咨询公司通过大量的信息量来收取费用；价值计价，如房屋中介公司、二手车公司等。

由此可知，当原有的创利模式不再有效时，我们就要问自己，是创利的来源出现问题还是计价方式不合适，只有对症下药，才能重新走上持续创利的道路上，才能让企业有自由现金流。

第五步　降低成本

在不影响客户满意度的前提下，降低成本。怎样理解“成本”？成本只是钱吗？除了显性成本外，还有哪些成本？答案是隐性成本（沟通）、机会成本（方向）、沉没成本（固定资产）。

这事能不能做？如果要做，能让别人做吗？有什么可以借助的巧劲？

1. 除法

找到重要的成本，彻底消除。例如，模世能咨询，只为培训学员提供咨询。

咨询的重要成本包括：

（1）交易隐性成本。寻找项目的成本，从“我找你”到“你找我”。

（2）交付隐性成本。最大的交付成本与风险，在于客户不成熟、理念不一致、知识结构差距太大，这是咨询效果不好的主要原因。可通过培训前置，实现咨询成本革命性降低，并有效提升咨询项目实施效果。

2. 众包模式（共享经济）

用户或参与方自我生产、自我支出。用户自我生产，提升用户满意度，并控制组织方的成本。

（1）众包模式的两大特征：

①企业原本需要花钱雇人去做的事（研发、营销），用户们却很高兴地去做，且不要钱。

②由非专业人士提供专业内容，消费者兼为内容创造者（企业需要制定标准与规则，并保证其实施）。依靠群众、相信群众，是移动互联网时代的众包新打法，共享经济条件下，内容生产开始商业化。财富不再以占有的方式存在，而是以共享的方式实现。

（2）具体操作：

①对内和员工共享。建立事业群机制，让企业成为员工的平台。

②对外和客户、供应商等共享。打造共赢的产业价值链，如空余的房屋租出去，变为酒店房间，房子的值钱程度取决于其与多少人共享。

3. 利用隐性资产，革命性降低成本

什么是隐性资产？该如何利用？看几个例子：

（1）“孩之宝”起初是做铅笔盒之类玩具的公司，如何成为全世界第二大玩具公司？当你看到《特种部队》《变形金刚》《星球大战》等热门电影时，可能都会想到“孩之宝”。“孩之宝”公司并不是一家靠电影赚钱的公司，但是电影中的人物形象版权多属于“孩之宝”公司。

“孩之宝”的隐性资产，是把自己旗下玩具品牌的影视版权授予好莱坞电影制作公司。“孩之宝”有一个变形金刚的形象了，就把这个形象授权给电影制作公司。电影票房越火，“孩之宝”的玩具就卖得越多。如果有很火的电影人物形象，“孩之宝”可能也会购买版权用于销售玩具，革命性地降低了投资电影的巨大固定成本，根本性地降低了投资风险。

《变形金刚1》为影院和导演带来了7亿美元的全球票房，同时为“孩之宝”公司催生了4.8亿美元的变形金刚玩具收入。《变形金刚2》上映时，“孩之宝”公司向电影导演承诺每卖出一件变形金刚玩具，导演就能获得8%的提成。如此一来，牢牢地把导演拴住，彻底成为“统一战线”。

（2）褚时健51岁任玉溪卷烟厂厂长，71岁被判无期徒刑，74岁保外就医，75岁承包2000亩荒山创业，10年卧薪尝胆，85岁他由曾经的“烟王”变“橙王”。2013年他的果园年产橙8000吨，利润超过3000万元，2015年产量1.2万吨。褚时健的隐性资产是烟厂的管理经验，他将烟厂的管理经验复制到“褚橙”的种植上，对产品质量严格管控。

（3）Cardinal（卡地纳）健康公司，2015年美国财富500强最新排名第26位，营业收入超过910亿美元。20世纪90年代，因为分销的压力，医院联盟、药店连锁压榨着渠道供应商的中间利润。药品分销商毛利从10%降到4%，平均净利润率1%左右，缺乏竞争力，增长乏力。于是该公司致力于挖掘客户的需求。摸清了客户的五大核心需求：没钱、没人、拿错药、吃错药、手术台用品。五大问题：政府减少公共医疗保险和补助政策；药剂师减少1/3，护士缺口达45万；信息系统落后，药方还是传统手写；药丸相互副作用，死亡1.5万人；医疗手术用品拿错，个性化问题。

使命决定方向，Cardinal出售的是解决方案，而不是产品，解决方案是“围绕客户”（医院、患者、药厂、药店）的需求制定的。Cardinal就这样从一个满足表面需求的批发商，转变成满足更隐秘、更内在、更深切需求的服务提供商，把医院的供应链改造成满足最终客户需求的链。

企业的隐性资产包括：

①客户关系；②专业技能；③设备规模；④销售渠道；⑤惠实客户群；⑥品牌和口碑；⑦专业人才；⑧价值信息；⑨系统资源。

隐性资产在三个方面对企业有重大作用：①打开需求创新之门；

②进行低成本甚至无成本扩张；③创造高附加利润的金钥匙。

客户的隐性需求 + 你的隐性资产 = 风险最低、成本最小的商业模式转换。

第六步　自我复制

1. 资金瓶颈

突破资金瓶颈，需要降低对资金的依赖，建立轻资产模式，降低固定资产占比，提高资产利用率。

中国经济最大的重症，是产能严重过剩。严重的产能过剩，就是一场财富大洗劫。

企业应减少产能投资，防止固定资产比例过高，防止“钙化”。非产能投资（人才、研发、营销、服务、品牌等）往往构成核心竞争力，应占到项目总投资的60%-80%；产能投资，往往是固定资产（沉没成本），通常不应超过项目总投资的20%-40%，并尽可能外包。连锁门店也是重资产，也可能形成“钙化”。今天门店可能依然是优势，但互联网可能让你的重资产投资变成沉重的包袱。

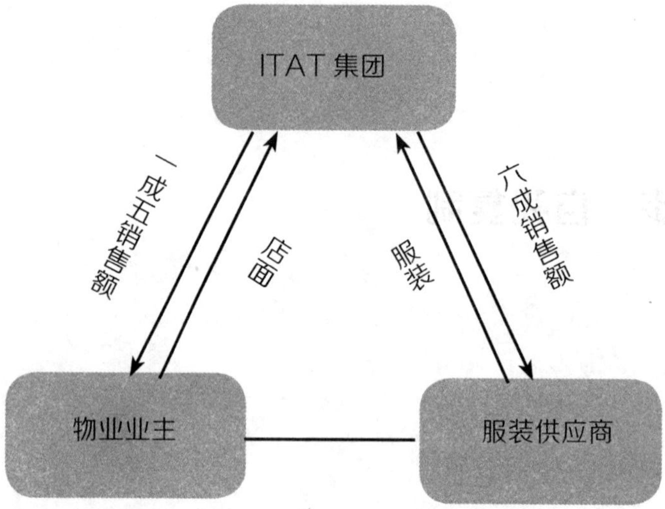

国际品牌服装代理商 ITAT 的“铁三角”模式

资产 = 企业价值吗？资产 = 企业实力吗？企业想要突破资金瓶颈，需要采用“轻资产模式”，风险小、扩张快，看似牺牲了短期、局部收益，但总体收益、长期收益无疑更高。发展期走“重资产模式”，往往融资压力大（股权出让多），复制难度大，沉没风险大，少有成功企业。

2014 年 6 月底我国的总债务与 GDP 之比已经达到 251%，2008 年这个数字是 147%。我国企业债务占 GDP 的比重超过 165%，而美国约为 72%，日本约为 99%，意大利约为 82%，澳大利亚约为 59%，加拿大约为 53%，德国仅为 49% 左右。在西方发达经济体中，只有西班牙的企业负债率高于我国。

“轻资产模式”关注投资回报率，而非单纯利润额，看着像皮包公司，实为 VC（风险投资）之爱。“重资产模式”表面风光，但往往导致资产收益率降低（企业估值低），扩展性慢，更危险的是会带来巨大的沉没风险，抗经济波动和周期性的能力直线下降。

（1）如何避免重资产的同时，快速发展业务？可通过外包生产，租赁或托管厂房、设备的方式，解决产能需求；通过工厂加盟方式，扩展资金，提升资金实力；通过出让固定资产价值，快速提升企业价值，独占网络价值。

（2）已经重资产的企业怎么办？可考虑出售和变卖部分固定资产，如有使用需要，可考虑“返租”使用；引入新的投资人，增大总资产，提高安全性；全面强化企业业务周转，依靠业务周转融资，盘活资产，为前两条道路赢得宝贵时间。

通过轻资产模式挖掘“资产利用率”的巨大潜力，除严格控制的、必需的硬资产投入之外，全面加大对人才、品牌、营销、运营等软能力的投入，减少对资金无谓的耗费。

流动性是永恒话题，周转大于利润。加快资金周转是企业经营追求的信条之一。企业资金回笼需考虑库存天数 + 应收账款天数 + 供应商预付天数，企业盈利能力 = 每次周转利润率 × 全年周转次数。所以企业务必减少库存，减少应收账款，减少高息负债，高利贷不能用。资金周转得快 = 赚得多。

（3）能不能用现在的资金做 3 倍的生意？获取更多的资本金，基于此建立合理的杠杆引入更多资金。企业可以变卖部分固定资产，如有使用需要可考虑返租；引入新的投资人，增大资产总量；如需再发展，可以酌情减少自身投资规模。

2. 人才瓶颈

突破人才瓶颈应做到降低对人无休止的依赖，在模式设计上减少对人才的依赖；10 倍、100 倍地放大重点人才的产能；建立标准化可复制的运营系统。

例如：一个咨询项目能做到多大？①模世能咨询的纵向复制、放大收益模式，直接收费型咨询，500 万；②控股收购型，美国丹纳赫模式，资金优势、咨询改造，10 亿。

企业依据“能人依赖”与“体系建设”的悖论，降低对人无休止的依赖，建立标准化可复制的运营系统：创始人或老板本人是“高手”，直接“自我革命”；通过利益机制设计（股权激励核武器），实现高管、骨干心甘情愿地“自我革命”。

企业经营之中几乎没有不可以标准化的东西。如果现在你不知道怎么做标准化，那只是因为还没有找到标准化的方法而已。减少对人才的无谓耗费，突破“竖井效应”，建立系统性效率。

中国企业有一种常见现象：制造部门抱怨营销部门，营销部门的人对生产制造部门也是怨声载道，业务部门对财务部门不满，财务部门对业务部门有意见。更少人考虑外部价值链——经销商、供应商的协同。这些现象最终导致企业“系统性效率”大幅度降低。所以，公司高管团队一定要有系统性思考的能力。

中国企业常见问题：“竖井效应”

如何打破“竖井效应”？

培养更多的人才，人才投资是企业回报最高的投资。如何培养更多的人才？即建立学习型组织。模世能的培训行业模式分两种，企业点餐式内训模式占 99.9%，公开课程模式占 0.1%，规模效应非常大。在线网络培训模式成本占收益的 0.01%。电子商务的本质之一就是降低对人员的持续性依赖。

“学习能力是联想公司的核心竞争力。”事实上，柳传志的成功高于华为任正非、海尔张瑞敏等，因其已完成从企业家到投资家的升级。

美国通用公司电气 CEO 韦尔奇说：“我们的行为是由一个最根本的核心信仰所支配。”一个组织不断地从所有源泉学习的欲望和能力，以及迅速把这种学习转化为行动的做法，是它最终的竞争优势。

这是一个学习型企业的时代，学习型企业是21世纪企业的唯一选择。

什么是学习型企业？有强烈的学习动机与愿望，集体学习共同学习形成团队共识；有学习的计划并持续坚持，并将学习的成果不断应用在企业的运营与发展之中。

学习型企业的人才模式为以培养现有骨干为主，引入外部骨干为辅，为外部引入骨干配副手，完成企业层面知识积累。

建立学习型企业的常见误区：

①高管接受培训后，可能会走；

②高管基础薄弱，培训也没用；

③高管不愿接受培训，觉得累。

建立学习型企业的方法——真正有效的学习模式，即团队集体在一个机构进行系统性持续学习“组织”，就是要让一群平凡的人在一起做出不平凡的事业，学习就是实现这个目标的方法。

3. 法律法规、政策瓶颈

法律法规是高压线，企业要依法经营；法律法规不断完善，政策也会与时俱进，企业要依法纳税，规范运营。

模世能培训——咨询——投资——基金——跨界等循环服务，能革命性降低成本，有效突破资金、人才、法律和政策瓶颈，实现多层次服务的可复制性。

自由现金流即在时间序列上以利益相关者划分的企业现金流入、流出的结构。企业在设计与客户交易的现金流结构时，应时刻关注不同现金流结构对自己资金压力的不同影响，并借助不同的金融工具化解现金流压力，使企业形成自己的竞争优势。

第七步　关键资能

1. 什么是关键资能？

关键资能就是企业所控制的，能够使企业构思和设计好的商业模式得以实施，从而提高企业效果和效率的资源和能力。通俗来讲就是掌控核心资源、拥有核心能力，建立高竞争门槛，使他人在短时间内难以复制。企业的资源主要可以分为三种，有形资源、无形资源和组织资源。企业能力是指企业配置资源，发挥其生产和竞争作用的能力，企业能力来源于企业有形资源、无形资源和组织资源的整合，是企业各种资源有机组合的结果。

2. 关键资能的来源通道和途径

（1）以关键资源和能力为核心构建商业模式，主要表现在三个方面：以企业内部的单个资源和能力为中心构建的商业模式，对企业内部价值链上的资源和能力要素进行有效整合的商业模式，创造更具有竞争力的商业模式。比如，“耐克”设计和营销成就品牌、“如家”使用标准化和统一化的管理商业模式，还有“云南白药牙膏”“农夫山泉”“茅台酒”等都是以关键资源和能力为核心构建商业模式。

（2）根据商业模式其他要素的要求确定关键资源和能力。不同业务系统需要的关键资源能力不同，不同创利模式需要的关键资源能力也是不一样的。比如，“福记”送餐服务客户集中的资源和能力，“麦当劳”“肯德基”用品牌和标准化的能力占领市场，“波音”搭建了全球供应商协作能力，“IBM”整体解决方案资源库，还有“雷士照明”“天宇朗通”“耐克”“阿迪达斯”“格力”“维特斯邦威”，这些企业也都根据商业模式其他要素的要求确定关键资源和能力。

（3）根据其他要素构建关键资源和能力。一个好的商业模式必须要建立关键资源和能力，并用这种能力来保证企业的利润。建立这种关键资源和能力有很多种方式，比如，控制价值链、建立品牌、确定并拥有产品标准。美国的高通公司就是一个典型的案例。

高通公司通过自己的知识产权为自己赢得了持久的利益：一些手机厂商向已经得到高通授权的集成电路供货商购买芯片，以此获得高通的知识产权；还有一些手机厂家利用高通的专利，自己设计制作芯片产品；也有一些手机的厂家直接购买高通生产出来的芯片和软件。

不管是哪一种方式，只要是 CDMA 手机有销售出去，不管是哪个厂家生产出来的，高通公司都会获得相应的专利费，而全国手机的销售量如此之大，高通公司就会持续不断地通过厂家和消费者获得利润。

高通公司除了专利之外还将一些相关的第三方专利进行打包授权，通过捕获期的条款，让授权的制造商能够使用该公司的最新技术，并在标准的时间内都可以进行专利和非专利的使用，产生的费率是相同的。高通公司还对一些和自己有互补关系的技术公司进行收购以达成使自己核心技术更加完备，领先的优势和地位不会被动摇。

在手机 3G 网络还没有普及的时候，高通公司就已经将部署 4G 的团队准备完备，使其一直处于不可跨越的地位。高通公司通过种种方式建立自己独有的关键资源和能力——专利技术，使自己的利润流源源不断。

3. 企业资源和能力具体表现形式

（1）可能是一项高门槛技术（阿路美格、华冠汽车）。

（2）可能是研发能力（完美时空）。

（3）可能是（类）房地产（肯德基、分众传媒）。

（4）可能是独特的资源（5100 冰川水）。

（5）可能是品牌资源（你要此品牌的东西，你只能跟我合作，如耐克）。

（6）可能是销售资源（你一定得跟我们合作，才能把自己的业务做得更好，如直销）。

（7）可能是地域资源（用地域的特殊性来影响和占领市场，如阳澄湖大闸蟹）。

（8）可能是资本资源（投资此项目需要很多资金，别人没有能力或者不愿意投，那只有来找我们合作，如化工产业，就是来自各利益相关者的货币资源或可交换为货币的资源。如权益所有者、债券持有者、银行的金融资产、企业留存收益等）。

（9）可能是产品的更新速度（英特尔处理器）。

（10）可能是获取和控制原材料资源、能力（中石油、中石化控制中国石油原材料铁矿石）。

（11）可能是成本资源（种植农产品、春秋航空、比亚迪）。

（12）可能是领袖资源（行业老大）。

（13）可能是个人影响力资源（姚明）。

（14）实物资源和能力，指企业有形的固定资产（厂房、设备、地理位置、实物技术、原材料供应、产品制造、仓储等）。

（15）人力资源和能力（企业中的训练、经验、判断能力、智力、关系、管理人员和员工的洞察力、专业技能和知识、交流和相互影响的能力、动机等）。

（16）信息资源和能力，通过此渠道可以获取有价值的需求供应变化的信息（丰富的相关产品信息、系统和软件、专业知识、深厚的市场渠道）。

（17）无形资源和能力（技术、商誉、文化、品牌、知识产权、专利）。

（18）客户关系资源和能力（在客户中的威信、客户接触面和接触途径、能与客户互动、参与客户需求的产生、忠实的用户群等）。

（19）公司网络资源和能力，就是公司拥有的广泛的关系网络（政府、金融机构、企事业单位等）。

（20）交易资源和能力（订单的处理、发货管理、流程控制、库存管理、预测、投诉处理、采购管理、付款处理、收款管理）。

（21）知识资源和能力（产品设计和开发能力、品牌建设和管理能力、顾客需求引导能力、市场信息的获取和处理能力等）。

（22）渠道资源和能力（你一定得跟我们合作，才能把自己的业务做得更好。如安利、苏宁、国美、京东、淘宝等）。

（23）平台资源和能力（就是你什么都没有，只要你能整合资源，去创建一个平台为更多的人提供服务，他们就会为你创造的财富，最后就形成了你的平台强项。如携程网、阿里巴巴、京东、图片网、ITAT 服饰、MINT 富翁俱乐部等。企业就是一个平台：酒店、超市）。

（24）合作联盟资源和能力。单打独斗的时代已经过去，联盟合作的时代已经到来；皓月当空的时代已经过去，群星灿烂的时代已经到来。什么是联盟？就是两个或两个以上的企业为了达成共同的目标而采取的相互合作、共担风险、共享利益的联合行动。联盟的形式有：松散式联盟（合作协议），半紧密式联盟（贴牌生产、特许经营），紧密式联盟（相互持股）。联盟成功的关键：订立联盟策略，建立联盟结构与管理制度，选择合作伙伴（目标相同、资源互补、能力互助、机会当前、环境相关），订立合作联盟终止计划。

如何找到自己企业的关键资源和能力？如何把自己企业的关键资能转化为企业的核心竞争力？例如，模世能，用模式转换方法论、人才、市场、资本、资源完美结合，构建模式转换生态圈，形成核心门槛。

由此可知，每个企业的资源和能力都是有限的，任何企业都不可能拥有世界上全部资源和能力，所以一定要整合利用好现有的资源和能力，弄清楚各种资源和能力的主从关系和不同地位，找到和建立符合自己企业的关键资源和能力，只有这样才能更好地创造价值和承担责任。

第三章

商业模式转换的五个方向

一、财富方向

财富方向就是未来企业怎么样才能拥有更多的财富，在工业时代，资产就是财富的象征，而互联网的到来将会终结这一现象。互联网时代企业财富主要体现在以下三个方面：

1. 共享

共享就是将一件物品或者信息的使用权或知情权与其他所有人共同拥有。在互联网时代，企业财富不再以占有的方式存在，而是以共享的方式实现。

首先在企业内部，对内和员工共享，并建立事业群机制，让企业成为员工的平台。其次，企业对外和客户、供应商等共享，打造共赢的产业价值链。就像将空余的房屋出租，让这些房屋变成酒店的房间，房子的价值就体现在与多少人共享。

2. 消费

消费就是指利用社会产品来满足人们各种需要的过程。在互联网迅速发展的信息时代，消费可以变成财富，而生产力的发展也在不断驱动着消费。企业要让消费变成自己的财富，首先企业要进入一个大的生态圈，如大的投资平台或商业平台，然后在这个大生态圈里面，打造一个小的生态圈。

3. 红利

红利就是指上市公司在进行利润分配时，分配给股东的利润。企业发展在未来的10年里，最大的社会红利就是股权红利，如果没有股权红利，那么我们将会一无所有。

所以企业在未来的发展方向是，企业上市或被上市公司收购，或者是企业投资别人企业的股权。

二、用户方向

在互联网时代，如何让用户给企业带来财富？经营企业将和用户建立一种什么样的关系，客户才会跟你玩？

（1）生产者。重视平头百姓，让他们有归属感、参与感、存在感，如小米手机、娃哈哈、宝洁等公司。

（2）消费者。得民心者得天下，大众创业，万众创新，关键在于众（人多），如微信。

（3）销售者。用户体验至上（质量超预期——尖叫）；和客户有关系（长期持续）；服务培训，如安利、中脉、模世能等。

具体操作：产品——运营——用户。我们经营企业时，让这三者合一了吗？还准备过多久才能让这三者合一？

三、人性方向

人性方向就是未来人们的需求变化的趋向，企业的未来发展不管是在满足用户产品的设计上，还是在企业内部的管理上，都要越来越趋于人性化。

三只鹦鹉的故事：

有一个人去买鹦鹉，看到一只鹦鹉前竖着一块牌子，上面写着："此鹦鹉会2种语言，售价200元。"另一只鹦鹉前也竖着一处牌子，上面也有一行字："此鹦鹉会4种语言，售价400元。"两只都毛色光鲜，非常灵活可爱，到底买哪一只呢？这人犹豫不定，不知买哪一只好，这时他发现还有一只鹦鹉，这只鹦鹉毛色暗淡散乱，又老又丑，但它前面的标牌上写着"售价800元"。此人有点不明白，这只老掉牙的鹦鹉怎么会卖得比那两只漂亮可爱的鹦鹉还贵呢？这人赶紧将老板叫来，问："这只鹦鹉是不是会说8种语言？"店主说："不，它不会说外语。"这人觉得更奇怪了，"那为什么它又老又丑，又没有能力，会值这个价呢？"店主答："因为那两只鹦鹉叫这只鹦鹉'老板'。"

未来所有行业都会变成娱乐业和服务业，企业应该让消费者感觉消费你的产品有面子，有身份。经营企业要了解人性的特点。首先，人们都喜欢享受别人服务，而很少主动去服务别人，企业要抓住用户的这种特点，"把自己的客户养懒"。另外，人们都喜欢享受生活，都期望自己的生活能够幸福，人们无论在什么地方都希望别人能够重视他们，这样才觉得有存在感。企业应抓住这些特点，服务用户。

企业应该了解人性，抓住用户的心理需求，及时做好商业模式的转换。

四、数据方向

人类正在经历农业革命和工业革命后的第三次革命——信息革命。IBM 著名预测分析科学家 Colin Shearer（柯林·希勒）表示，信息革命的关键就是“让一切事物都数据化”。

大数据又称巨量资料，所涉及的数据资料量规模巨大到无法通过人脑甚至主流软件工具，在合理时间内达到撷取、管理、处理，并整理成为帮助企业经营决策更积极目的的资讯。如今的互联网时代就是大数据时代，简单来说大数据就是一切皆可数据化，数据资产将会成为企业的核心资产。

大数据的价值体现不在于企业做得有多大、拥有多少客户和财富，不在于企业管理，而在于企业深度的挖掘、相互交往和企业的运营需求等。

企业要建立大数据，首先要找到和用户之间一个有价值的连接点，然后通过这个连接点和互联网构建成一个线上线下相互联通的大数据平台，企业通过跨界合作，实现企业与企业之间的数据战略合作，从而实现数据资产变现。

五、政策方向

国家政策就是未来国家将会进行怎样的宏观调控。中国资本市场支持实体经济发展，促进金融体系改革，但其成长过程也伴随诸多问题，因此有待商业模式的创新和发展。资本市场是中国经济转型成功的关键因素，同时也是扩大内需的重要支点。发展资本市场的出路在于从实体经济向资本经济转型。

1. 从外贸向内需转型

随着国内消费能力逐步提高和物价水平上涨，原来没有价格优势的国外产品和品牌现在对中国越来越有吸引力。未来几年中国经济模式将会发生巨变，经济增长将由以前的外贸驱动转变为扩大内需。

2015 年我国实现社会消费品零售总额达到 30.1 万亿元，同比增长 10.7%，消费对社会经济增长的贡献率达到 66.4%，比 2014 年提高了

15.4 个百分点，也就是说，中国成功地实现了经济增长以投资和外贸拉动为主向以内需特别是消费为主的重大转型。

2. 从城市发展到城乡一体全球化发展

加快推进新型城镇化发展，同时消除城乡二元体制矛盾，实现美丽中国，在 2020 年全面建成更高水平城乡和谐小康社会。未来中国城乡人口、资源和环境约束以及国土空间利用机构将发生巨大改变，城乡形态将越发体现精明增长、和谐宜居、功能紧凑、生态文明、单位空间的经济容积率日益提高和主题功能突出的基本要求。新型城镇化将必然成为打造中国经济升级版进程中最为明显的热点内容，打造城镇集约、智能、绿色和低碳发展也成为国家战略和策略。

未来政策方向将向节能环保、信息技术、物联网、生物医药、智能设备、健康养老、新能源汽车、生态大农业、高新材料、文化产业、互联网 + 连锁、金融等多方面发展，企业一定要跟上国家政策的发展，及时作出商业模式的调整。企业没有方向，则无人追随。“术”固然重要，企业更应该注意“道”，知“道”比执行重要 100 倍。

第四章

商业模式转换制胜的要素

一、客户至上：创新客户模式

创新客户是商业模式的核心。企业的重要资产可以说就是企业客户，客户是企业销售体系的重要组成部分。企业如何去开发客户、经营客户、维护客户，让客户为企业带来利润，让企业实现最大化的增值，是很多企业一直关注和关心的问题。如果一些企业认为单个客户的力量是微不足道的，在许多细节问题上忽略了客户的利益和要求，那么这些企业最终会酿成大错。客户的力量是不可忽视的，“千里之堤，溃于蚁穴”，企业不但要对客户有准确的认识，还要及时衡量客户的价值。在互联网时代，用户的力量日益增强，企业对客户的要求要及时作出回应。

在互联网时代，企业需要把客户的思维想法融入产品当中来，企业创新的成功往往依靠对客户的深入理解，包括环境、日常事务、客户关心的焦点及愿望等。近年来，一些企业通过互联网搭建平台、开发工具，都有助于客户将所思、所想、所需要的转化为自己的产品和服务。而客户创新将为企业、客户和社会创造巨大的财富价值。

1. 创新客户模式，需要调整业务模式，建立全新核心竞争力

企业“客户创新”就必须调整业务模式，企业将减少或者放弃价值链上的一些基本的、创造价值的任务，如了解客户需求、设计产品等，企业和客户都需调整各自的关系。企业必须建立新的核心竞争力，新的盈利模式，进入新的市场。这样企业可以服务一些原本没有服务过的客户。

2. 客户不满才是创新的源泉

“付出总有回报”，这使企业面对客户之前都应该想到和做到的一件事情，要知道没有付出就一定没有回报，企业如果不下功夫去研究市场，研究客户，那就很难挖掘出那些没有被满足的客户的深层次需求，也就不可能给客户带来更多的与众不同的体验，这样不但不能超越竞争对手，反而会影响企业的良性发展，结果必然是作茧自缚。

企业必须站在客户的角度去想、去做、去体会用户的问题和意见，及时解决，及时挖掘出客户价值。企业应当重视客户视角，这是企业制定商业模式的指导原则，应该以客户视角来指引企业关于价值主张的选择。要从客户的角度来看待商业模式，这样可以让企业找到全新的机会。

3. 全面分析客户，并去理解客户，做不同模式的客户创新

企业要建立对客户的彻底理解，而不是简单地问客户需要什么，并基于这种理解进行商业模式设计的选择。企业要从以下几个方面去理解分析客户：

（1）看。在客户所处的环境里看到了什么？客户所在环境看起来像什么？谁在他周围，谁是客户的朋友？客户每天接触什么类型的产品和服务？

（2）听。听客户在说什么？客户的朋友、配偶说什么？谁能真正影响客户，如何影响？

（3）想。客户真正的想法和感觉是什么？对客户来说，什么是最重要的？什么能打动客户？

（4）说。客户可能会对别人说什么？态度怎么样？特别留意客户所说的和其真正的想法与感受之间的潜在冲突。

通过对客户的全面剖析，将客户全面描述出来，为他提供最底层和根本的价值。也就是说，产品的价值主张要通过用户需求的外延和深化来挖掘和塑造。

比如，卖净化器，让客户了解到企业卖的是人的健康；卖牛奶，让客户明白牛奶不是单纯的奶制品，而是可以让他们和孩子身体健康的产品。如果仅仅是看产品本身，那么很难塑造产品的价值，产品的价值要通过客户的需求的外延来塑造。

企业要全面分析、了解客户的不同需求，订制不同的商业模式，这样才能让企业在客户创新的道路上更加顺利，企业才能够长久地发展壮大。

二、渠道铺路：创新渠道模式

与传统企业相比，互联网改变了企业销售渠道本质上的变化，渠道创新是企业商业模式制胜关键的一步。互联网企业的销售渠道从过去的线下销售，到现在的线上销售，或者线上线下相结合，当企业把产品搬到线上销售之时，带来的是消费者对产品有了多项选择。互联网时代企业的最大受益就是产品生产成本的降低，及时有效的产品及客户资源信息。互联网平台销售使企业库存成本降低，销售渠道成本降低，企业还能通过网络平台及时获取消费者对产品信息的反馈。线上购买支持物流配送系统，提高了企业的产品销售量。

以往传统企业开发一个新产品，不但需要大量的人力、物力及财力，还需要做大量的产品宣传和销售工作。而在互联网时代，企业对新产品的销售、推广工作，只需要一个很好的线上策划就能达到不错的销售效果，还能得到消费者的及时回馈。

传统企业营销批发、零售、专卖店等各种渠道在互联网时代均变成了一个渠道，这只需要借助一个互联网平台就可以实现，而且在平台上还有更大的创新空间，还加大了企业产品与消费者之间的信息传播与交流互动，企业能及时调整产品形式，企业销售渠道成为重要和关键的问题。

1. 渠道为王，得渠道者得天下

企业核心竞争力就是销售渠道的好坏，这将直接决定着企业的成败，也是企业的关键资源。“娃哈哈”在渠道销售方面就做得非常成功，新产品上市后，几天时间，“娃哈哈”就能保证新产品出现在全国消费者的视野，世界知名饮料“可口可乐”“百事可乐”都将“娃哈哈”列为国内最大的竞争对手。

2. 利用网络平台销售降低成本，是渠道创新的根本

通过网络平台来进行产品销售，能大大减少库存压力，及时有效地减少相应的时间消耗，为企业节约成本。网络销售不但减少了传统渠道所占用的时间，而且在资金回笼方面也要快很多，大大降低了企业所承担的风险，这样的好处是降低了产品的成本，让消费者从中得到更大的实惠，从而赢得更多消费者的关注和青睐。

企业在互联网平台上，可以大力宣传产品，做推广活动，通过商业活动或节日来扩大品牌营销，吸引网上消费者注意，并让消费者在

网上购买，实现不同渠道模式的创新。2012年天猫“双十一”交易额191亿元人民币，2013年天猫“双十一”交易额达到350.19亿元，2014年天猫“双十一”交易额达到571亿元。可见如今的网络销售渠道是多么惊人。现在网络销售平台有很多，比如，京东、淘宝、阿里巴巴等。

在网络平台销售的基础上，创新渠道模式也可以用以下几种方法：

（1）事件营销。企业也可以通过事件营销模式来实现企业产品的创新，事件营销是指通过或借助某一有重要影响的事件来强化营销、扩大市场的方法。有些产品可以利用网络中的一个事件或者一个话题，就可以更轻松地进行品牌传播并引起消费者关注。开展事件营销的前提是充分抓好和利用某一有影响的事件，并把它与企业营销有机地结合起来，以达到“诸葛亮草船借箭”的目的。

“加多宝”的出现就是一个很好的事件营销案例。2008年中央电视台为四川地震举行的赈灾晚会，“加多宝”捐出了高达1亿元的善款，一举成名，随后在网络上也掀起了不小的风浪，和“王老吉”的品牌大战，通过网络、电视、报纸等使自己的品牌知名度得到了极大的提高。“阿里巴巴”借助“双十一”节日来宣传产品、扩大市场，也是成功的一例。

（2）利用网络论坛。网络平台上比较好的一个产品宣传渠道就是网络论坛，而论坛营销也可以成为支持整个网站推广的主要渠道，这是个很好的推广方法。企业可以利用论坛的人气数量，及时有效地为企业产品提供营销传播服务。网络论坛里面讨论的话题一般都具有开放性，企业的营销诉求大部分可以通过论坛传播得以实现。网络论坛营销是以论坛为媒介，参与论坛讨论，建立企业自己的知名度和权威度，并且一起推广自己的产品或服务，来实现企业全新的渠道模式。

（3）利用搜索引擎。搜索引擎也是企业销售渠道的一种。企业根据用户使用搜索引擎的方式，利用用户检索信息的机会，将产品信息及时传递给用户。这是基于搜索引擎平台而建立的网络营销模式，是针对人们在网络时代对搜索引擎的依赖和使用习惯而产生的。人们在搜索引擎上搜索相关需求信息，并通过点击进入网页，进一步了解所需要的信息。企业通过付费让搜索引擎去推广，让用户可以直接与企业客服进行交流、了解，实现交易，实现双边盈利。

利用搜索引擎可以给企业带来更多的点击、关注和商业机会，同时树立行业品牌，提升品牌知名度，增加网站曝光度，企业还可以根据关键词，通过创意和描述提供相关介绍。搜索引擎有百度、Google（谷歌）、Yahoo（雅虎）等。

在互联网经济体系中，营销环境发生着许多新的变化，企业要想在激烈的市场竞争中获得成功，就要针对具体的环境变化，制定新的渠道模式。把握市场，才能以强大的竞争优势占领市场，使企业获得长足的发展。

三、产品为王：创新产品模式

创新产品模式是商业模式制胜的首要因素。随着互联网时代的到来，使得消费者有了更多的选择，去挑选更好的产品。消费者变得精明起来，企业只有把产品做到最好，消费者才会购买。企业要想做得长久，始终还要靠产品本身，不但要经得起时间考验，还必须得到顾客喜欢，这不是靠摆设就可以，好的产品不是把产品从线下搬到线上，只有消费者说了算。

只有消费者认可的产品，才能算是好产品，这也是一个企业产品好坏的唯一标准。互联网时代，消费者有了更多的产品可选择，也就对产品有了更高的要求。企业生产产品要想获得更高竞争力，必须考虑如何满足消费者需求点，不断升级产品，或者根据消费者个性化定制进行多元化、小批量生产，而不是一味扩大生产线，同模型同标准生产。

1. 产品金字塔模式，企业创新产品模式的新选择

企业产品呈金字塔结构排列，称为产品金字塔模式。这是企业为

了满足不同消费者对某种产品样式风格、颜色、款式等方面的喜好，针对消费者具体的消费状况，达到客户群和市场的最大化，推出高、中、低各个档次的产品，形成产品金字塔。金字塔塔尖是企业产品的高端产品，销售额通常不会太大，但是产品的利润非常可观，也是企业利润的主要来源。金字塔的中间部分是企业的中端产品，这类产品品种数量比较多，价格趋于大众产品价格，这类产品可以为企业获取相对稳定的利润。金字塔的底部是公司的低端产品，这类产品的价格相对低廉，所以销售数量很可观，获取的利润也一般，但是有一个很重要的作用——防止同类竞争对手的市场入侵。

企业实行产品金字塔模式应该有差异化战略。这就要求企业应该积极加强产品信誉度，同时加强品牌效应；扩大企业品牌知名度，要加大广告营销策略；同时对企业产品进行创新设计，针对不同的消费者，增加产品样式、品种、不同规格、型号；加大消费者个人体验营销等活动，充分、高效、低成本地满足客户的需求。

金字塔可以是企业同一品牌的产品扩张，也可以是不同品牌相互构成。例如，著名化妆品品牌资生堂在我国销售的产品种类多达 25 种，但是我们在货架上一般很难看到这么多种，一些产品也没有明显的产品标签，这些产品一般是由销售人员告诉顾客的。这些产品就如产品金字塔模式，从低端到中高端，再到高档产品都有，这就是用来满足不同的消费者。李阳的“疯狂英语”，也类似于金字塔，就如一个漏斗，可以把客户从低端到高端一层一层过滤，从而保证客户完全没有被浪费掉。消费者花 10 元买李阳“疯狂英语”的门票，有些消费者最后很可能买其他的英语产品，如价值 3000 元或 8000 元的英语教程。

2. 企业创新产品模式必须要盈利

企业对产品的不同态度、信念会产生不同的盈利模式。企业是多元化还是单一化经营，是注重产品创新还是某类产品保持长久不变，这些都需要企业去做相应的市场调查，来区分不同消费者的不同需求、爱好。比如，产品款式多样化、不同颜色、不同价格等，这些都是需要企业制定灵活的产品策略，满足不同消费者的喜好，实现公司最大化的盈利。

互联网时代的快速发展，给传统企业带来了巨大冲击，越来越多的企业随着互联网的发展，不断进行产品创新。这也成了企业是否能跟得上时代潮流的标志。那么，在这样的技术变革环境中，企业如何做好产品创新、顺应市场潮流和消费环境呢？

从整个商业的出发点来说，不管互联网时代怎么改变，企业的商业本质并没有发生什么变化，消费者的需求还是那些，还是同样的消费者，不同的是在企业模式上做了重组和优化，以满足社会需求，以此获得社会价值。总体来说，企业经营者必须通过产品创新，满足客户需求，获得企业利润。

传统企业要在传统的商业基础上来进行互联网升级改造，应该在原有的市场认知度和公共品牌基础上进行创新，这样才可以创造企业最大化的利润价值。在互联网时代，未来的企业价值主流，不是产品的品牌，也不是产品技术，而是产品的创新，只有这样才能满足用户需求，抓住用户，才不至于被互联网时代所淘汰。

四、运营必胜：创新运营模式

商业模式离不开运营模式上的创新，在互联网时代，运营模式创新才是企业最好的出路，它是商业模式的核心。企业运营模式是业务价值的传递、客户价值实现和企业价值获取的方式。互联网经济下，新的运营模式不断涌现，传统模式下难以实现的资源配置和生产组织方式成为可能。

1. 整合客户资源、实现共赢是企业创新的关键

“人类被束缚在地球上，不是因为地球引力，而是缺乏创造力。”有创新才有发展，运营模式的创新关键是要整合客户资源，真正实现合作共赢。

“互联网+”打破了空间距离，通过网络的力量能够整合各行各业、各种各样的社会资源，产生神奇的效果。通过社会资源整合，运营模

式创新，建立多方交流合作的互联网平台，给客户、合作商和社会创造更多的财富。

企业资源整合就是针对不同来源、不同层次、不同拥有者的资源或能力联结成共同体，具有较强的系统性和价值性，最后进行实现、获取、分配价值的一个复杂过程。整合是系统的思维方式，以客户价值为方向，需要紧紧抓住客户需求，并合理安排匹配资源，来实现企业价值的创造和传递。

美国著名的物流联盟服务系统公司Integres，是由零担货运公司Roadway、联合航空、美利坚航空、Uti全球货代、Unisys公司和G-Log公司共同组成的。Roadway空运公司主要负责货物的集配，并利用自己全国性货运服务网络为航空公司提供地面运输服务支持。

Integres联盟还专门建立了一个互联网门户网站，网站上能向客户提供实时的信息，为客户提供运输服务供应商和合同执行人之间的联络。系统软件还为发货人提供空运过程全部的细节和在线服务。这就是道路运输公司、航空公司和货代公司等的服务网络整合。对每个合作伙伴而言，其自身的物流服务能力都得到了扩展，各自的服务网络都获得相应的盈利。

2. 分包和共享让企业更专注于核心业务，让企业运营模式更合理化

企业根据自身的状况，可以将运营中非核心、非专业的一部分分包出去，由专业的公司进行运作，减少人力、物力及资金的投入，降低成本，实现效率最大化。企业将非核心业务交给技术成熟的企业去做，借助外部资源来弥补和改善自己的不足之处，集中资源在核心业务上，大大提高资源利用率，也降低了企业的运营成本。业务外包让企业充分利用自己的有限资源，在外部环境突然发生改变时，能及时反应，企业运营成本和风险系数都降低了。

苹果手机外壳原产地大部分都在中国，而苹果手机销往世界各地；波音这个世界最大的飞机制造公司，只生产座舱和翼尖；运动鞋制造公司耐克，却从未生产过一双鞋。

共享服务是将企业范围内的共用功能集中起来，向各个业务部门提供标准化服务的运作模式，实现服务市场化，为客户提供统一、专业、标准化的高效服务。通过共享服务将非业务职能集中起来，让部门更加专注于具有战略意义的业务经营活动，让企业达到整合资源、提高效率、降低成本的目的。

3. 企业运营创新，要善于利用平台

现在大多数互联网企业都是利用平台模式经营，比如，起点中文网，读者是一边，读者再将自己的感受、想法在网上分享，会增加其他读者的阅读量；作者群是另一边，读者群的增加，会吸引更多的作者发表作品，再吸引更多的读者。淘宝网、携程、大众点评网、京东商城、当当网、58 同城、智联等，都是在利用平台模式。

企业要想良性循环、健康发展，关键是要善于利用平台，平台上的用户因需求增加而壮大，产品也随之扩大销售量。平台不但是多边市场的联结者，也是商业生态系统的主导者。淘宝在平台发展中所恪

守的一条原则是只提供基础设施，不是什么都自己做。淘宝带来的物流配送已形成一个非常大的产业，但是淘宝把这块业务开放出来让别人做，这是一个合理的商业选择。

互联网经济时代，挑战不仅来自外在的压力，更来自我们的内心。我们能做的是改造我们的思维方式，摆脱过去的惯例对想象力的束缚，打破常规，因时、因势创新运营模式，在商业实践中协同演化、迭代发展。

五、经营为基：创新经营模式

创新经营也是商业模式制胜的因素之一，在当前的互联网时代，巨大的市场像一块大蛋糕，吸引着不同产业链从四面八方蜂拥而入。所以企业创新业务要取得成功，就必须摈弃传统思维定式，实现创新业务经营的互联网化。

一些成功的互联网企业创新经营模式具有以下几点特征：

1. 企业文化

企业文化是企业创新经营的核心方向，这些企业文化构建了平等、公开、扁平、灵活性、相互尊重的管理体系，具有创新精神，宽容失败，营造激情的文化氛围，具有坚定的信念、使命感和永不言败的勇气。

2. 客户需求

企业要注重商业模式创新，以创新的经营模式去满足客户需求，注重客户体验，打造良好产业生态系统；从把握客户需求、产品优化、业务运营、产品推广到售后服务每个环节都互联网化，要充分利用新媒体手段。

3. 专注

创新经营模式需要企业有专注的精神，著名管理学家彼得·德鲁克说："没有一家企业可以做所有的事。即便有足够的钱，它也永远不会有足够的人才。它必须分清轻重缓急。最糟糕的是什么都做，都只做一点点，这将一事无成。"所以，专注才能更出色。

4. 创新体制

通过体制创新，将员工发展与企业发展紧密结合，充分调动员工创新和工作的热情，创新体制是迅速提高企业价值的重要手段。

案例及分析：

(1) 苏宁电器。以家电连锁的方式加强对市场后端的控制力，并以此为基础加强向上游制造环节的渗透，使零售与制造以业务伙伴方式合作提高整个供应链的效率，进而打通整个产业价值链以谋求更高价值回报。

以家电连锁的方式加强对市场后端的控制，同时加强与全球近1万家知名家电供应商的合作，打造价值共创、利益共享的高效供应链，强化自身在整个产业价值链中的主导地位。基于SAP系统与B2B供应链项目，通过降低整个供应链体系运作成本、库存储备并为客户提供更好的服务这一“节流+开源”的方式实现营收。

（2）阿里巴巴。通过互联网向客户提供国内外分销渠道和市场机会，使中小企业降低对传统市场中主要客户的依赖及营销等费用并从互联网中获益。

企业抓住互联网与企业营销相结合的机遇，将电子商务业务主要集中于B2B的信息流，为所有人创造便捷的网上交易渠道。通过在自己的网站上向国内外供应商提供展示空间以换取固定报酬，将展示空间的信息流转变为强大的收入流并强调增值服务。

（3）腾讯。借互联网对人们生活方式改变之力切入市场，通过免费的方式提供基础服务而将增值服务作为价值输出和盈利来源的实现方式。

抓住互联网对人们生活方式的改变形成新的业态的机遇，通过建立中国规模最大的网络社区“为用户提供一站式在线生活服务”，通过影响人们的生活方式嵌入主营业务。在一个巨大的便捷沟通平台上影响和改变数以亿计网民的沟通方式和生活习惯，并借助这种影响嵌入各类增值服务。

六、管理之道：创新管理模式

企业管理模式的创新也是企业在商业模式制胜的要素之一。企业管理，指在企业生产经营过程中利用企业资源来适应内外部环境发展需要，最终实现企业价值，所发挥的组织、计划和控制等各项职能的集合。随着互联网时代不断发展，衍生出很多以科技发展为依托的企业管理模式，这就是互联网模式下的企业管理创新。传统的企业管理模式虽然成功，但是“闭门造车”不能跟上时代发展的步伐，企业要想健康稳定地发展，其管理模式必须不断创新。在互联网时代，只有企业管理模式实现了管理上的创新，才能有效推动企业发展。

1912 年，经济学家约瑟夫·熊彼特首次提出“创新”的概念，认为“创新”是“建立一种新的生产函数”，即“生产要素的重新组合”。互联网的发展带动了许多新技术的出现及融合，出现许多新兴产业和新型企业形态。互联网时代企业管理创新的必要性和面临的挑战，从企业的角度来看，就是要将由生产要素和生产条件组成的全新组合引入生产体系中，来实现对生产要素或者生产条件的新组合。管理创新是企业管理科学的精髓，是管理者用系统理论形成创造性思想并将其转换为有用的产品、服务或作业方法的过程，最终促进企业管理系统综合效率、效益的不断提高。

1. 创新管理模式，是企业发展的关键

现代经济学家对企业发展进行了考察和研究，他们对企业管理创新进行了重新定义，其本质就是进行管理上的创新。企业管理创新与一般的企业业务及人员管理存在很多不同，管理者首先要对市场商圈以及社会环境进行调查，通过一种新型的管理思维方式，在互联网技术支持下，采用全新的技术建立符合企业发展的管理机制。该种创新形式能与时代发展步伐相吻合，有效实现企业的长足发展。

在互联网时代，电商发展与互联网发展紧密结合，实现了很多企业的创新转型。企业在互联网企业管理中的创新，开辟了中国企业走向科技化的道路，实现了互联网背景下的企业管理创新。在市场竞争比较激烈的时代中，传统的企业管理模式不能实现科技信息高速交流，现代化企业管理模式的创新，勇于尝试，具有鲜明的发展思路。

2. 运用商业模式，满足客户需求，实现企业创新管理

企业要实现与客户之间的沟通，首先就是要实现管理上的创新。

在“互联网 +”背景下，出现了许多新的商业模式，如 C2B、C2M 双模模式、免费模式等，而这些商业模式体现了企业发展必须以依靠客户为核心，遵从客户至上是企业发展的宗旨。互联网时代为人们带来的改变是颠覆性的，不仅在企业组织形式上有所改变，还将企业团队进行了创新，拉近了企业与客户之间的距离，推动了整个企业的发展与创新。

在传统的企业管理理念中，以产品为核心，很少去注重客户，对于产品的流向并没有过多关注，同时也忽视了产品的品牌经营。而在互联网时代，客户的需求具有多样化以及个性化等特点，企业的生存与发展都依赖客户，所以，企业必须对其管理理念进行创新，来满足不同客户的需求。

3. 注重品牌管理，提高市场营销，实现管理创新

随着市场竞争的日益激烈，企业的营销和品牌成为两个不可缺少的经营管理方式，品牌构建是企业管理的根基，然后再以市场营销为策略。在互联网环境中逐渐发展的企业，其管理模式也在发生改变。

品牌是企业文化长时间的积淀，从一个品牌可以看出企业或产品的文化、传统、氛围、精神和理念。区分同类产品的主要标志就是看品牌，在进入了品牌竞争的时代，企业只要拥有品牌，就会拥有更多的关注，使企业具有更强的竞争力。所以越来越多的企业开始创建自己的品牌，也十分清楚，只有品牌才是竞争制胜的法宝。所以企业一方面十分注重品牌的塑造，提升企业品牌在市场中的宣传力度，另一方面也必须

维护保护品牌在消费者心中的地位。

4. 注重企业文化，激励员工，提高效率

传统企业管理中，很少去关注员工，忽视了员工在企业中的核心地位，如果员工不能积极主动地工作，在工作中会一直处于一种被动状态。为此，实现企业管理上的创新，需要在企业的激励制度方面进行创新。首先，要从工作条件、工作环境以及工作福利等方面为员工创造便利条件。其次，企业管理要从奖励机制上来体现员工工作能力与工作素质，提高员工工作积极性，实现企业的长足发展。

腾讯企业文化价值观：正直，进取，合作，创新。

正直：遵守国家法律与公司制度，绝不触犯企业高压线；做人德为先，坚持公正、诚实、守信等为人处事的重要原则；用正直的力量对周围产生积极的影响。

进取：尽职尽责，高效执行；勇于承担责任，主动迎接新的任务和挑战；保持好奇心，不断学习，追求卓越。

合作：具有开放共赢心态，与合作伙伴共享行业成长；具备大局观，能够与其他团队相互配合，共同达成目标；乐于分享专业知识与工作经验，与同事共同成长。

创新：创新的目的是为用户创造价值；人人皆可创新，事事皆可创新；敢于突破，勇于尝试，不惧失败，善于总结。

5. 培养科技人才，实现管理创新

互联网的高速发展，正影响着人们的生活方式。互联网技术与传统的管理相互融合，就需要科技人才。企业中如果需要和客户进行有效的信息传递，就需要具有科技思想的专业人才来实现。因此，为了实现科技化的企业管理，需要注重对企业专业技术人才的培养。

企业在人才管理中，需要注重在员工之间传递正能量，促进人才在互联网背景下，充分利用其沟通的便捷性，实现与市场经济之间的友好互动。

第五章

商业模式创新案例

案例一、米兰春天：复合品牌营销商业模式

销售模式创新是商业模式创新的主要方法之一，是企业的商业模式在价值链中的主要体现点。而企业的销售模式应注重对企业资源的合理配置，以及外部资源的把握程度。

复合品牌终端的商业模式正慢慢流行，并且不断被借鉴，推广到其他行业。例如，屈臣氏个人护理商店正是采用了复合品牌经营模式，在市场上也取得了不错的效果。米兰春天成功地进行商业模式创新，就是建立复合品牌营销模式。

米兰春天品牌源于意大利，以个性化的趋势为主，是现代时尚的风潮，主要体现“时尚、个性、活力、自在”，追求色彩与时尚相结合的品牌内涵。以“米兰春天·生活馆”为主导推广模式，由浙江神力针织品有限公司全权负责运营管理。

企业主要经营的产品以内衣为主，有内裤、保暖内衣、文胸、无

缝美体内衣、泳装、丝袜、家居服等，企业的产品在全球三十多个国家畅销。

在我国22个省、5个自治区、4个直辖市均有销售网络，年销售额超2亿元。神力集团以消费者的需求为主导，尽量满足消费者，为消费者提供贴心、周到的服务，同时把产品创新放在首要地位，以创新为动力，努力打造国内第一品牌的内衣终端销售体系，成为国内内衣连锁的领跑者。

米兰春天CBB商业模式的成功主要体现在以下方面：

（1）精准的品牌定位，为企业树立一定的品牌竞争优势。米兰春天将自身定位于针织品的品牌连锁店，企业的产品就意味着针织的流行时尚，让消费者感受一站式的购物体验。

（2）复合品牌结构。米兰春天为了满足不同消费对多种产品的需求，融入“与狼共舞”“巴比雅比”等品牌。通过CBB商业模式的系统规划，使得各个品牌之间相互依赖，又不会发生产品冲突，还能全方位地给消费者提供产品，满足不同消费者的不同需求，体验一站式购物的快感。

（3）品牌形象提升。米兰春天在提升品牌形象方面做了很大力度的宣传，邀请郭富城、张庭、谢霆锋为形象代言人，同时在媒体、网络、经营店面进行宣传，用精准的广告投放提升企业的品牌价值。

（4）产品组合，引领时尚。米兰春天在产品设计上进行不断创新，结合三大品牌产品特性，在设计上进行了大胆突破，并且成功地引领针织产品流行时尚。同时用丰富的产品满足中、青、少三大主流消费者的需求，为消费者的一站式购物提供保障。

（5）服务支持体系。米兰春天的 CBB 商业模式向经销商提供一站式的服务支持，尽量给经销商最大力度的支持：向经销商提供装修设计与意见，赠送店铺装修的相关产品，对经销商实行全方位开店支持；对店面产品陈列进行指导，如不同产品的位置摆放、产品组合位置摆放等；在销售人员培训和管理方面给予帮助，向商家签订合同，免收保证金、预付款等，提供 100% 货架支持、100% 退换货等，用最好的政策去推动经销商店面的发展。

神力集团拥有较为完善的品牌结构，其中有“与狼共舞”米兰春天“巴比雅比”等品牌，这三大品牌具有非常好的组合基因，为实现复合经营奠定了基础。

三大品牌产品结构内容丰富，有内衣、T 恤、休闲服、线衫等丰富的产品种类，完全能够支撑一个复合品牌终端所需的产品线。发达的网络基础和其自身的自营终端，以及一定的自营管理基础，结合起来就形成了可快速复制的 CBB 营销模式。

米兰春天对市场作了非常详细的调查，作了许多有针对性的市场推广，并且在此基础上建立了一整套的产品运营体系，从品牌规划、产品组合、店铺分级到招商策略、终端管理与推广等。通过深度服务与专业的销售，形成一批忠实的消费群体，使得店面销售能力得到很大的提高。米兰春天建立起一整套的管理与服务制度，保证了形象、战略与策略的统一性，对终端实行全方位的掌控。

米兰春天成功的商业模式代表内衣行业变革的总体方向，成功的创新模式适应市场及消费形态发展的趋势。每个需要进行商业模式创新的企业，必须根据自身资源、品牌定位、市场销售状况等来制定企业规划，找到最适合企业自身的运营模式，做好自己的商业模式。

案例二、麦当劳：快餐店背后的地产王国

1955 年麦当劳由麦当劳兄弟和 Ray Kroc 在美国创立。麦当劳在世界上拥有 3 万多间分店，主要运营产品以快餐为主，如汉堡包、薯条、炸鸡、汽水等。

麦当劳品牌拥有超过 3.2 万家快餐厅，分布在全球 121 个国家和地区。不同地区的麦当劳，都会按照当地人的口味进行不同程度的调整。

当我们提起麦当劳，首先想到的就是汉堡和薯条，而在盈利模式上，很多人都会认为就是通过食品和加盟费用来获取企业盈利。实际上这些想法是不太正确的，麦当劳真正盈利的方式是房地产的运作，这可能是很多人都想象不到的。

麦当劳被称为“全球最大的商业地产王国”，在麦当劳遍布全球 120 多个国家和地区，拥有超过 3 万多家店的同时，大部分的店面都

是比较值钱的商铺，所以这个称号当之无愧。麦当劳公司的收入主要是房地产营运收入、收取加盟店的服务费和直营店的产品利润等三个部分。

在麦当劳初期，有些加盟商由于资金不足，而且贷款又比较困难的情况下，很少加盟商能够正常购买店铺或进行租赁装修。在这个时候，麦当劳就开始就负责给加盟商寻找合适的开店地址，麦当劳公司对选址的土地或房屋进行购买或者签订长期的房屋租赁，然后再将店面转租给各加盟店，从中获取相应的差额。简单地讲就是麦当劳用加盟店的钱买下或长租土地房产，再把它转租给出钱的加盟店。这样就做到一箭双雕，不但解决了加盟者开店的资金问题，还增加了麦当劳的收入盈利，有利于公司的扩大发展。麦当劳对房地产的掌控权，也能起到约束加盟商的作用。

在美国的所有麦当劳店面中，麦当劳直接买下所有权的店面达到了 60%，而剩余的 40% 是其通过长期租赁或者约定租金的方式来获得比较低的低价地产。麦当劳在转租给加盟者时，则向加盟分店逐年收取涨价租金，这样就形成了一个巨大的商业地产增值空间。另外麦当劳还收取“增值租金”，就是当餐厅生意达到一定标准之后，加盟商要支付约定营业额百分比给麦当劳。至此麦当劳已经赚到了将近 40% 的利润，而且通过房地产来控制加盟者，使其完全依附于麦当劳总部。

有人说过，中国的麦当劳就投资了上海的第一家店面，其余的店面都是用别人的钱建造起来的。现在我们应该能大概了解麦当劳的房产经营模式，就是充当了一个简单的转租模式。但是我们应该感受到麦当劳的服务和餐饮文化创造出价值效应，麦当劳不是被动等待地产升值，而是通过麦当劳自身品牌影响力来使商圈增加人流量，来拉抬地产价格，然后用收取的高额加盟费，再去寻找其他商业地产，麦当劳整个商业循环都是良性循环，不用自己出钱投资就能得到高利润的回报，这就是世界一流的企业的商业模式。

麦当劳总裁雷·克罗克给麦当劳的定位是："麦当劳的真正生意是经营房地产，而不是汉堡包。"其实，麦当劳在长期的运营模式中，早已总结出了一套非常科学非常合理的饮食产品的制作流程，以及丰富的商铺店面选址经验，并利用其自身的品牌影响力，以特许经营的方式扩张，这个时候麦当劳已变成了一家经营房地产的企业。当然，麦当劳这种房产模式最根本的也离不开其店面的良好运营，这二者是相互依赖的。

商业地产的价值，是由运营产生的现金流决定的，运营效果越好，产生的利润就越高，商业地产就越值钱。

麦当劳现如今已不再研究具体经营快餐的业务，而是去考察最适合开店面的地方，一旦考察研究完毕后，就买下或租下看中的地块并建起快餐店，然后寻找有意向的合作伙伴，将快餐店租给他们经营，收取相应的经营费和商铺的租赁费用。

麦当劳的商业模式最成功也是最主要的地方，在于运用自己的品牌资源，加上成熟的盈利系统，构建一套完整的价值体系。麦当劳的价值是在运营中提升的。

国内商业地产则是依靠复制一批相同风格的商业地产大体量项目，依靠地产项目增值获益，只是在卖地产项目，没有自己独特的商业模式。

案例三、沃尔玛：物流至上的“区域集中模式”

沃尔玛百货有限公司是世界上最大的连锁零售商，分布在全球16个国家和地区，全球开设了近6000家商场，员工总数多达180多万，据不完全统计，每周光临沃尔玛的顾客达1.76亿人次。沃尔玛百货有限公司的创始人是传奇人物山姆·沃尔顿，1962年在阿肯色州创立沃尔玛。1991年山姆·沃尔顿被布什总统授予“总统自由勋章”，曾被《福布斯》杂志评为全美第一富豪。沃尔玛连续五年荣登《财富》杂志世界500强企业榜首。

沃尔玛的成功离不开物流系统强大的运作力，沃尔玛采取了“无缝点对点”的物流系统，使整个企业供应链达到一种非常顺畅的连接。运输系统是其物流系统的核心部分，沃尔玛也是靠着这一快速的运输体系，使得配送工作得以高效运行。

沃尔玛物流系统管理是首屈一指的。沃尔玛的供应商可以通过电脑直接查询供应商品流通状态的信息，其中包括该商品在沃尔玛各仓库的存货状况和调配状况以及同店铺、不同商品的销售统计数据等，还可以通过这个系统查阅沃尔玛的产品预计销售计划，使供应商以此作为生产、供货和送货的依据。

沃尔玛用这样的产品管理模式，彻底改变了传统意义上供应商与零售商的关系，这种模式可以把供应商与零售商紧密挂靠在一起，成为相依相存的整体。通过零售链接，供货商们可以随时了解销售情况，对未来零售商货物的需求量进行预测，估算大概需求的数量，一定程度上节省了原材料的采购，这样他们的产品成本也可以降低，从而使整个流程成为一个“无缝”的过程。

在运输方面，沃尔玛一直拥有自己的车队，就是为了能保持灵活性，时刻为企业提供最好的服务，这样，不仅为各分店提供了更快捷、更可靠的送货服务，而且使公司能更好地控制存货。沃尔玛的运输策略主要通过集装箱运输，沃尔玛的运输车队利用夜间从出发地到目的地的运输，做到当日下午进行集货、夜间进行异地运输、次日上午即可送货至门店，完成整个运输过程的时间控制在15—18个小时之内，这是沃尔玛在速度上取得优势的一个重要措施。

在早期，沃尔玛就把用于产品运输的5000辆卡车全部安装了卫星定位系统，可以即时获取运输车在行进路上的最新路况信息或者发生的紧急情况，方便调整车辆送货的最佳线路。通过定位，调度中心随时可以查询车辆的具体位置，计算车辆距商店的路程及所需要的时间，这样不仅可以合理安排运输量和路程，还能最大限度地发挥运输潜力，提高整个物流系统的效率，在一定程度上降低了成本。

沃尔玛前任总裁大卫格拉斯这样总结："配送设施是沃尔玛成功的关键之一，如果说我们有什么比别人干得好的话，那就是配送中心。"沃尔玛的仓储模式就是集中采购、统一仓储运输、统一售后服务、统一管理体系。

早在1970年，沃尔玛就在公司总部所在地建立起第一间配送中心，集中处理公司所销商品的40%。配送中心设立在沃尔玛100多家零售卖场中央位置的中铁快运基地。沃尔玛始终如一的思想就是要把最好的东西用最低的价格卖给消费者，这也是它成功的关键所在。

人们常说投资和收入是成正比的，高投入就有高回报，沃尔玛还是世界上第一个拥有私人通信卫星的企业，是当时世界上最大的民用数据库。这个高科技的通信系统在公司内部及时、快速、通畅地流动，不但总部的紧急情况和决策可以通过卫星传送到各个分店，有关物流的各种信息也可以通过这个系统进行交流，保证各分店的商品需求能顺利到达配送中心，总部进货的建议也可以及时到达各分店。沃尔玛有8万多种商品，为满足全球4000多家连锁店的配送需要，沃尔玛每年的运输总量超过78亿箱，总行程达6.5亿公里。如果沃尔玛没有这种强大的信息系统，就根本不会完成这样规模的商品采购、运输、存储、物流等管理工作。

如今的沃尔玛已形成了"天上一颗星""地上一张网""送货一条龙""管理一棵树"的"四个一"的物流模式，随着互联网经济的高速发展，零售业也出现了欣欣向荣的繁荣局面。由于市场经济竞争激励，零售业除了自身的优势外，积极汲取他人的先进理念，结合企业自身特点，进行商业模式的创新，这样才可能在同行业的优胜劣汰中胜出。

案例四、携程：旅游资源整合模式

携程网创立于1999年，是一家在线旅行服务公司，总部在上海。携程网经过多年的发展，现在向超过五千余万注册会员提供包括酒店预订、机票预订、度假预订、商旅管理、高铁代购以及旅游资讯在内的全方位旅行服务。携程网已在全国多个城市的许多地区都设置了分公司，其员工人数已经超过了1万人。携程网每天的访问量平均有10万人，网站点击率高达100万，携程网占据中国在线旅游50%左右市场份额。携程网合作酒店超过3.2万家，遍布全球138个国家和地区5900个以上的城市。

携程网为会员免费提供国际和国内机票的查询预订服务，并且拥有全国联网的机票预订、配送。携程旅行网的机票预订几乎覆盖了所有航空公司的航线，具备国内60多个城市市内免费送票、异地机票的本地预订、异地取送等功能。

携程网主要为会员提供签证、团队游、自由行、自驾游、半自助、用车等全部度假产品服务。携程旅行网拥有上千条度假线路，而且在海内外拥有200余个度假旅游地，是处于行业领先位置的在线旅行社。

携程网通过与酒店、航空公司合作，利用电话呼叫中心、互联网等技术，为客户全力提供商旅资源的选择、整合与优化服务，用来提升企业整体商旅管理水平与资源整合能力。

携程网“旅游资讯”，是为会员提供在互联网上的互动资源信息与线下旅行杂志、旅游丛书等相结合的资讯模式。携程网“社区”是中国人气最旺的旅游网站，里面包含有丰富的旅游感想和旅游日记，还有旅行图片供消费者参考，而且设立了一些互动性栏目，如“结伴同行”“有问必答”“七嘴八舌”等，为消费者提供了一个良好的沟通交流平台，能及时帮助消费者解决旅行当中遇到的问题。

携程网顺应日趋变化的市场，发挥创新精神，并对企业商业模式进行及时的转换，创新了中国旅游业标志性的资源整合模式。

携程网与现代运通公司的整合是企业迈向成功的第一步。现代运通较早拥有订房中心系统，在全国100多个城市的700多家星级酒店都有预订服务，拥有超过40万名的会员，同时提供800免费电话预订和网络预订，在宾馆预订和宾馆分销方面占有明显的优势。携程网看中现代运通公司的销售渠道，通过资源整合，获得现代运通大量稳定的销售渠道资源，现代运通得到携程网的资金、人才支持，同时实现了在同行中保持领先的位置。两者并购给双方带来资源和客户上的优势，各自企业的发展也得到了帮助。携程网和现代运通在行业资源优势都非常明显，携程网的会员一下子达到100万。在互联网“客户为王”的时代，谁拥有客户谁就是真正的赢家。并购之后短短一年，携程网以100多万会员及每日40万的页面浏览量，稳居旅游网站首位。

携程网和现代运通进行资源整合，现代运通的一个重要步骤，是使携程网完全改变了原来的运营模式，提高了一个档次，也与竞争对手有了很大的差距，一跃成为旅行服务业的“领头羊”。

携程网开展的旅游度假业务也是企业商业模式创新的一个关键点，这主要归结于携程将华程西南旅行社收入囊中，至此携程形成了“酒店预订、机票预订、旅游服务”三大块主营业务的模式。携程还以战略合作的方式，纳入了上海32家全资质国际社之一的翠明国际旅行社，将其更名为携程翠明国际旅行社，出境旅游业务也成了携程网的一个战略步骤。

后来携程的业务模式马上又转型，在现代运通拥有部分固定的合作酒店的基础上，并且在开拓市场方面也有大量的人才，开发了相配套的互联网平台，即“实时控房系统”和“房态管理系统”。合作酒店实际上成了携程货架上自己出售的产品，携程更像是全国所有合作酒店的集团中心，而不是单纯扮演中介的角色。

2002年携程并购了海岸公司。海岸公司是北京最大的散客票务公司。此前携程网跟航空公司没有太多的直接接触，预订机票在量上没有办法突破，收购海岸公司后，携程不仅取得了和各航空公司相互接触的机会，还收获了北京海岸公司的呼叫中心。这是携程网收购非常有意义的一步。这一年，携程的票据业务增长了6倍，其中大部分的业务量都来自呼叫中心。

携程的资源整合模式还没有结束。携程网不但与国内许多航空公司签订了合作协议，也与票务代理公司实现了合作，携程不仅整合了各大航空公司的机票，还整合了各大航空公司和机票代理公司的机票配送系统，利用这些强大的资源，提供异地付款、异地送票等业务。与携程网合作的航空公司有中国国际航空公司、中国南方航空公司、中国东方航空公司、深圳航空公司、海南航空公司、上海航空公司、厦门航空公司、澳门航空公司等。携程和这些航空公司一起推出联名卡。携程已经在全国45个主要大中城市建有配送系统，包括当地配送中心、特许经营商和航空代理公司已有的送票系统，采用票到付款方式，把支付问题解决了。

携程网对新技术的开发和接受能力、面对信息化时代的反应能力，以及商业模式的创新能力，都是旅游企业的一个标杆。正是创新的愿望与动力等因素，提高了携程在旅游行业的地位，给中国旅游行业上了一堂很好的商业模式转换课。

案例五、eBay：“C2C 电子商务平台”

eBay 公司主要运营的项目有购物商场、网上拍卖、PayPal（一种全球支付平台）、Skype（一款即时通讯软件）等多种电子商务，总部位于美国加州圣荷西。经营几十年，eBay 公司没有像大多数网络公司那样倒下，而是创下了世界电子商务的奇迹，并且每年的商业利润都在稳健增长。1998 年它的净利润已经达到 240 万美元，同年 9 月 eBay 就在纳斯达克上市，当时股价为 18 美元，随后股价一度攀升至 200 美元以上。

eBay 是第一家电子商务公司，也是全球第一个在网上进行拍卖服务的公司。eBay 建立并创新了新一代网络经营模式——C2C 模式。和传统经营模式相比较，这种运营模式不仅为顾客提供了讨价还价的权利，同时吸引更多的用户加入进来，而且完全不受时间和空间的约束，从根本上减少了市场开发用户的成本，使企业具有灵活的应变能力和竞争能力。

eBay利用C2C模式让许多小企业和个人都能够通过平台进行商品的销售，由于当时这种商业模式只有eBay在使用，引起了人们创业的追求，对人们有很大的诱惑力，因此集结了大量的用户，也创造了惊人的交易量和利润。

eBay作为交易的第三方，并不直接参与交易，而是专门为客户和商家提供相应的商务信息及附带的增值服务。通过eBay这个电子商务平台，信息资源可以在买方和卖方之间共享，而eBay平台通过出售所收集到的这些信息，向用户收取一定的交易服务费、平台的店铺费等，eBay就是依靠这些费用来获得平台盈利。

eBay的C2C平台，不但极大地方便了买卖双方，也方便了个人在平台上开设店面，并且平台采用会员收费的方式，eBay还利用这个平台建立了一个二手货交易平台，这种新的平台交易模式也汇集了不少的人气。eBay创新的C2C电子商务平台模式，不仅为卖家提供了一个在网上创业、实现自我价值的舞台，也给消费者提供了品种繁多、价廉物美的商品资源，带来了全新的购物体验。

eBay收益的主要来源是交易费用，以商品最后成交价为准，在每次交易成功之后，收取相应交易服务费，如果交易不成功则不收取费用。海外代购也是eBay较为成功的一项服务，主要提供美国、英国等许多国家的代购服务，这些来自eBay和外网的海量商品，完善的代购服务和免费代购咨询，吸引了众多消费者参与。

eBay通过网络，将买家与卖家完美地结合在一起，并且创造一个全新的网络平台市场。一些大型的跨国公司，也会利用eBay的固定价或竞价拍卖来销售和宣传他们的产品和服务，而通过平台的区域搜寻使得货运配送方面更加精确、快捷和便宜。

eBay 和淘宝相比较，淘宝网面向的客户群体就是中国市场，具有明显的中国本地特点，买卖双方在网上可以进行“讨价还价”的阿里旺旺就是明显的代表，淘宝的经营理念是“淘！我喜欢”，强调的是一种随意自由性，为卖家和买家提供最大最安全的空间自由买卖，没有很多费用上的要求和限制。eBay 面向的是全球市场，提供的是一个全球商品买卖的平台，经营理念是“帮助地球上任何人完成任意商品的买卖交易”。这是一种全能型交易平台，可以为世界各地所有需要的人提供一个交易平台。其管理的方式是全球统一的，不是以哪个国家作为市场导向，是按全球市场规范来操作。

eBay 在当时取得飞速发展的主要原因，就是 eBay 明显的市场定位，而且始终提供宽敞的交易平台和优质高效的服务，eBay 把服务对象既可以是商家也可以是个人物品的网上竞标，eBay 没有直接的“拍卖方”，而是提供平台让商家自己拍卖，自己交易。在这里每个人都可以免费创建自己的网上店铺，可以让每个人都尝试自主创业，体验当老板的快感。同时，eBay 的客户服务部门及时发布成交信息，以跟踪了解成交状况等方式进行鼓励，促成网上成交。也正是 eBay 独特的商业模式和精确的定位，让其在竞争日益激烈的互联网时代得以生存、发展和壮大。

案例六、优视科技：由入口到平台

UC 优视科技有限公司创立于 2004 年，是中国移动互联网软件技术及应用服务领先企业。企业业务发展迅速，有众多的产品研发人员，现已成为国内最大的手机应用技术研发团队，也是中国首家在手机浏览器领域拥有核心技术及完整知识产权的公司，为国家的手机软件产业争得了很多荣誉。

UC 自 2004 年创立以来，以科学技术为本，为手机用户全力打造方便、快捷的一站式移动互联网服务平台。企业注重技术创新，一直推动着手机移动互联网领域的发展，力求帮助全世界一半以上的人通过手机享受开放、便捷的互联网服务。2012 年 11 月，UC 浏览器在 Android 平台的活跃用户数突破 1 亿大关，成为 Android 平台上全球首个用户过亿的第三方浏览器。2014 年 6 月，UC 优视并入阿里巴巴集团，成为阿里巴巴集团旗下全资子公司，UC 优视是全球领先的移动互联网开放服务平台提供商。

UC将自己的企业战略定位成“打造全球领先的移动互联网入口服务平台”，UC取得今天的成功，主要取决于精准的市场定位，始终将自己定位为移动互联网“管道工”，UC通过持续的技术创新奠定了在手机浏览器市场的领先地位。

UC在2004年做了一个重要的技术创新，那就是云计算，在当时叫作“服务器客户端混合计算技术”，因为UC准确而独到的眼光，才成功打造了市场领先的移动互联网入口平台。

打造核心产品是移动互联网商业模式成功的关键。核心产品是建立在及时准确地把握客户核心需求的基础上，并通过产品和服务为客户创造独特的价值。2006年砍掉了能带来2000万元收入的中国移动的项目，转而将全部精力放在做手机浏览器上，并能凭借将网页压缩80%、为用户节省大量流量费用的优点，迅速做到市场占有率第一。

手机从塞班时代转向安卓时代的时候，UC也把握了时代的先机，3年时间完成了U3浏览器的开发，于2011年6月正式发布，这为后来UC抢占Android平台奠定了技术基础。它不仅帮助UC浏览器维持高速、省流量的原有优势，而且引发了新的技术潮流，即Web App在浏览器上的落地。2011年，UC推出了新一代UC浏览器UC8系列产品，再次引领浏览器革命，让用户在读资讯、读小说、看视频、上微博、玩游戏、网上购物等功能上都能享受最流畅的移动互联网体验。

移动互联网很多业务必须经过手机浏览器这个入口来进行，UC通过聚焦手机浏览器做大手机浏览器规模，实现了由入口向平台的转变，并且找到了属于自己的商业模式，这是UC成功的关键所在。

俞永福说："UC 不是浏览器，它是一个服务的平台。UC 正帮助越来越多的用户，满足他们的 3 类重要需求，包括获取信息的需求、移动互联网娱乐的需求和电子商务等享受生活服务的需求。换句话说，用户通过 UC 平台享受的服务宽度越来越广。"

UC 不断丰富浏览器的功能，将一些音乐、网络视频、游戏等集成到手机浏览器上，用来对抗竞争对手的"平台 +App"模式。2010 年 UC 正式发布了移动互联网社交平台 UC 乐园，通过移动社区 UC 乐园，提供手机社交、LBs 娱乐和手机游戏 3 大类服务，使手机浏览器更容易成为客户进入移动互联网的平台。

俞水福指出："UC 的目标是在 5 年内使 UC 浏览器的全球用户突破 10 亿，同时我们也在重新定义浏览器，打造全球领先的移动互联网入口服务平台。"

UC 应用中心的活跃用户已经突破 3000 万，而用户添加 Web App 应用已经累计超过 1 亿次，众多用户的支持，是让 UC 一直高速发展并处于行业领先的重要原因。UC 也注重并加强产业链合作推进生态系统建设，为产业合作伙伴创造价值。在从用户、终端、网络到内容的这条产业链上，UC 为各个环节都创造了价值。平台化带来的最直接的好处，是将规模化发展成变现的商业模式。

第六章

互联网时代下的商业模式创新

一、所有的行业都在被互联网“吞噬”

雷军说：“用互联网武装传统企业，用新模式做传统的事情，这是大势所趋，是任何企业都挡不住的。”当下，所有的行业都与互联网发生了千丝万缕的联系，虽然传统产业多年来积累下了牢固的商业本质、产业链优势、供应链资源，但互联网的飞速发展所带来的颠覆力量已经使其无法继续保持过往的稳固地位，互联网“轻模式”正在一步步地将其替代，并且逐步“吞噬”。

现在，人们的生活方式发生了翻天覆地的变化，发生这一切的最根本原因就是移动互联网的快速发展和智能手机的普及。以前我们坐出租车都要在马路上碰运气，现在人们坐在家里拿着手机叫“滴滴”，就可准时到达，还可以让司机等着你；以前买衣服必须到商场或服装市场，有时候跑一天也不一定买到合适的，现在拿着手机足不出户就可到各种电商网站上的服装店，随意点一点手机屏幕就可看到几十或者上百件衣服，几分钟就可买到称心的衣服；以前不想做饭，必须亲自跑到饭店去，现在拿起手机，好吃好喝的任你选，送餐的小哥一会儿就送到你跟前……

互联网逐步“吞噬”了人们的衣食住行，“轻公司”与“轻模式”的特性让很多互联网企业可以拥有极快的市场反应速度，以最新最好的商业模式来“吞噬”一个个非互联网行业。

拿汽车来说，在人们印象中这是一个很传统的企业，汽车的买卖好像只能通过4S店，而且所有车型和款式都是出厂时设定的，没法改变，然而特斯拉的销售改变了4S店这种传统的店铺模式，它不需要4S店，照样能把汽车卖得很好，它依靠的就是互联网平台。长安汽车是中国第一家可以私人定制的汽车厂商，只要厂家能做到的，你都可以去提要求，所以，有人说长安汽车是互联网汽车，是用互联网思维在做汽车；小米的成功归结于雷军在用互联网思维去做手机。各行各业都通过利用互联网这一中介桥梁，来达到自身商业模式的转变，实现利益的最大化。

“宁可死在互联网化的路上，也不要在传统世界里活着。”这就是互联网时代企业所要面对的现状。互联网带来了商业模式的创新，滋生了大量的互联网公司，也让许多传统企业不得不进行创新。例如，一些传统大公司，国美电器创建了国美在线，苏宁电器改名为苏宁易购，万达现在也叫万达商城，红星美凯龙在主推商城、闪购和团购三条主业务，各大银行在门户网站建立着自己的商城，等等。

把握趋势就等于把握商机，互联网就如同“黑洞”一样“吞噬”

了几乎所有的产业，由此诞生崭新的互联网经济。互联网是一种工具，它提高了人们了解世界、改变世界的效率，现在互联网成了新经济的主宰者。任何不与互联网发生深度关联的企业都变得举步维艰。

对于未来，我们应该清楚地看到更多的市场机会，更大的市场空间。要运用互联网思维对传统产业进行互联网再造，也就是要把产业互联网化，实现产业互联网模式的转变。

其实，“产业互联网”的意思很简单，就是所有传统行业、各行各业的互联网化。今天我们看到互联网不仅仅是一个工具，互联网正成为一种力量，塑造我们的产业，将来甚至塑造我们的社会。不管是移动互联网还是产业互联网，抓住机会的企业发展都将更上一层楼。

二、平台商业模式

平台模式就是构建多主体共享的商业生态系统，产生网络效应实现多主体共赢的一种战略。它属于行业和价值链层级的代表模式，吸引大量关键资源，实现跨界整合，并能以最快的速度整合资源，使企业家将眼光从企业内部转向企业外部，思考行业甚至跨行业的机遇和战略。

移动互联网时代，平台模式完全普及，它打破了传统产业的分工，而在发展过程中，平台就成了一个新的手段。企业借助平台将用户所需的各类应用和信息整合和推送，实现盈利。移动互联网产业实际上已经成了一种平台化的产业，它给所有的参与者新的自由空间，很多企业选择了搭建自己的平台，或者联合在一个优质平台之下，这样就形成了一个新的产业体系。

我们常见的平台有很多，例如，Android 操作平台、Facebook 的

F8 开放平台、微信平台、新浪微博平台、阿里巴巴电子商务平台等，应用商店有 App Store、MM 交易平台，诸如此类不胜枚举。

前时代华纳 CEO 迈克尔·邓恩说："在经营企业过程当中，商业模式比高技术更重要，因为前者是企业能立足的先决条件。"

1. 聚集更多的合作伙伴

针对所有有意的合作者或者客户进行开放，吸引更多的合作伙伴，合作伙伴越多，平台就越有价值，如淘宝网、亚马逊、360 等。

平台商业模式服务于某类人群，而这必须有足够多的用户数量，只有这样，用户才会获得更多的交流机会，使信息交互的范围更加广泛，信息交互的次数更加频繁。"网络的有用性（价值）随着用户数量的平方数增加而增加。"梅特卡夫定律说得很清楚。

平台企业为买卖双方提供服务，促成交易，并且进行有效的组织管理和市场维护。在平台上，无论是买方的数量增多还是卖方的数量增多，都能吸引另外一方数量上的增加，这样就能充分显现平台的价值，58 同城、淘宝、App Store、京东等都是双边市场。

2. 找到核心产品切入点

平台企业应该具有一定的核心竞争力，而核心能力包含内容很多，如品牌影响、渠道能力、运营能力、管理能力、充足资金等。

据统计，全球知名公司中，有大部分收入均来自平台商务。平台型商业模式一定要找到核心产品来作为切入点，这是平台模式的基础，只有这样，才可以推出产品，并提供延展的各项服务。

3. 互不干涉，共同发展平台

平台企业与其合作伙伴不存在产品之间的竞争，两者应该有自己不同的盈利模式和市场目标。也就是企业搭建一个交易平台，通过强化平台运营和管理，汇聚内容开发者以及其他合作伙伴，自己不开发任何产品和服务，并通过合作分成、前向内容收费、后向广告收费等方式实现盈利。

360 在开放大会上多次强调“只做平台，不做应用”，不与合作者争利，开放所有业务、全部流量及用户数据，这吸引了很多开发者。

4. 做好互利原则

平台企业通过开发、管理平台，能为合作伙伴带来经济效益，这样才能共同发展，建立持续良性的发展平台。《愤怒的小鸟》原来是苹果在线商店的一款游戏，售价仅为 99 美分，当时游戏非常火爆，风靡全球，获得了众多忠实粉丝。据统计，《愤怒的小鸟》累计有 1 亿次的下载量，创收 7000 万美元，而这款游戏的开发公司 Ravio 市值据称已经超过 12 亿美元。

用无限生产满足无限需求，不仅可以降低成本，还实现了收入倍增、盈利倍增。平台型商业模式的企业要有维持生产和需求双方能够互动运转起来的约定和规则。

运营商的平台模式要成功，就必须做好战略定位，通过模式创新、市场创新来实现成功。淘宝是国内最先也是做得最好的一个开放性平台，无论你从事什么职业，卖什么产品，只要客户认可，淘宝认可，你的商品符合淘宝规定，都可以拿到淘宝上去卖，都可以在淘宝这个平台上面展示你的能力。淘宝是面向第三方的开放式电子商务服务基础服务框架，其宗旨是以开放 API（应用程序编程接口）为契机，形成一个多接口的开放性平台，吸引大量的合作伙伴聚集为一个商业生态系统。

通过平台模式，商业自由度大幅度增长，个体也有了充分施展的舞台，平台型商业模式正向世人显示出其巨大的商业价值。平台商业模式会产生较大的经济价值，对促进移动互联网产业发展、繁荣社会文化经济、提高人们物质文化生活品质具有重要意义。

三、品牌模式

美国营销大师米尔顿·利特勒说："在消费者与产品之间建立'爱'的忠诚度，需要一个传递情感的平台，这个平台就是品牌。"

"品牌"源出古挪威文 Brandr，意思是"烧灼"。人们用这种方式来标记家畜等需要与其他人相区别的私有财产。在《牛津大辞典》里，品牌被解释为："用来证明所有权，作为质量的标志或其他用途"，即用以区别和证明品质。随着时间的推移，商业竞争格局以及零售业形态不断变迁，品牌承载的含义也越来越丰富。品牌是一种识别标志，一种精神象征，一种价值理念，是品质优异的核心体现。现代意义上的品牌，是指消费者和产品之间的全部体验，是能够给消费者带来溢价、产生增值的一种无形的资产。真正的品牌不仅包括物质的体验更包括精神的体验，是人们在消费某种产品时被赋予的一种象征性的意义，它可以改变人们的生活态度以及生活观点。

品牌经营模式也可以称之为品牌商业模式，就是把品牌当成一种独立的“虚拟资产”进行经营并获得长期收益的一种网络化、虚拟化、知识化、资本化的经营模式。品牌经营模式是在对企业核心能力与核心资源、市场环境和消费者趋势进行分析的基础上建立的一套品牌经营系统。

在移动互联网时代里，企业的品牌模式是企业持续发展的重要动力，也是企业能否取得成功的重要内容，企业要强大，必须要高度重视品牌经营，这是企业竞争的最高境界，也是企业适应互联网市场变化的最基本要求，也是必经之路。

“无品牌做不大，无品牌难立足”，品牌模式建设是互联网公司快速成长的重要保障，已成为企业发展的共识。在互联网时代，品牌模式建设是一个漫长的过程，打造有影响力的品牌是项艰巨的任务，想要企业赢得更多消费者的认同，只有从产品做起，注重客户体验，强化品牌经营、丰富品牌文化内涵、明确品牌定位，树立品牌形象等方面做起，把品牌模式建设纳入企业长期发展的规划当中，就一定能在移动互联网时代获得更好、更快的发展。

1. 品牌的影响力

品牌名称不仅可以引起消费者的独特联想，还可以准确反映品牌的特点，有强烈的冲击力，刺激消费者的消费心理，增强消费者的信任感。对于企业而言，还可以提升自己和产品的形象。就像我们看到华为、小米、苹果就能想到手机，看到腾讯就能想起 QQ，看到二维码就能想到微信、支付宝，看到亚马逊、当当就能想到网上书店，看到百度就能联想到无所不能的“度娘”，看到阿里巴巴、淘宝、京东就能想起购物等，这些品牌都具有冲击力，能够使人产生品牌影响力，也影响着人们思维模式的改变。

2017 年，BrandZ（全球最具价值品牌百强榜）中，谷歌、苹果、微软、Amazon、Facebook、AT&T、Visa、腾讯、IBM、麦当劳占据了 10 强席位。腾讯首次超过 IBM、麦当劳。榜单称，腾讯品牌价值比去年增长 27%，增幅与 Facebook 并列第二，仅次于 Amazon。BrandZ 官方新闻称：“中国品牌腾讯是今年排行榜的一大亮点，它首次进入榜单前 10 强。社交平台微信正迎来高速增长，腾讯品牌价值也增长 27%，达到 1083 亿美元。”Millward Brown（明略行）的 BrandZ 估值主管 Elspeth Cheung（艾紫培祥）称：“排行榜 10 强过去由消费品主宰，最近几年是科技。”

腾讯一直为用户提供“一站式在线生活服务”，为价值定位坚持以用户价值为中心，通过模仿再创新，推出 QQ、腾讯网、腾讯游戏、腾讯微博、腾讯视频、腾讯空间、财付通、拍拍、搜搜等平台型产品，从而使腾讯在市场中品牌形象不断提升。如今，腾讯成为中国最大的网络社区，满足了互联网用户沟通、资讯、娱乐、购物等方面的需求，一跃成为我国市值最大的互联网公司。

那么，在互联网时代下，企业该如何进行品牌模式的创新呢？

2. 用网络去宣传企业品牌

以前，传统企业是单纯的买卖关系，而客户对产品的了解是比较单一的过程，客户了解产品的信息非常滞后，特别是对新产品的信息来源只能依靠电视、广播、报纸、户外广告、杂志、内刊等。

在互联网时代，传统的传播途径已经远远跟不上网络的步伐了，如微信、微博、博客、社区论坛、视频、邮件、社群、空间、知道、贴吧、文库、百科、黄页展示等。新的媒介更新了企业的宣传方式，开启了宣传的无限可能性。

3. 与产品“零”距离接触，与客户互动

亚洲最大最成功的购物网站——淘宝网，就是让消费者购买前可以与卖家沟通，付款到第三方平台，物流信息查询商品运输情况，不满意退款退货，购买后还可以评价商品使用感受。以顾客为中心的经营模式，吸引了亿万消费者在其网站选购商品。

互联网平台可以让客户与企业“零”距离接触，客户在互联网上购买产品，可以随时进行购买，同时还可以享受平台企业的优质的售后服务，此时企业和客户可以直接进行沟通互动，这就不再是单纯的买卖关系了。在交流的同时，企业还可随时接收到客户反馈产品的信息，能让企业及时对自己的产品作出相应的调整。这样做让客户和消费者对企业产品的认知度和好感度越来越好，能大大提升品牌的影响力。

4. 传统企业与互联网结合

传统企业品牌根深蒂固，已经影响了中国一代历史的进程，在互

联网时代，如果传统企业能和互联网及时结合，利用传统品牌的优势，不仅能立于不败之地，还能更好地提高自身品牌创新。互联网与传统行业的融合，“新事物取代旧事物”是大势所趋。

互联网时代，很多大企业纷纷加入电商行列，走传统商业与电子商务联合运营的道路。例如，国美和苏宁等大型传统电器销售企业线上线下销售产品，使渠道调整扩展，使顾客能在全购物场景间自由穿行。

2008 年，星巴克遭遇危机：经济形势不佳、竞争对手太强、营销增长呈下降趋势……人们把希望都投在了创始人霍华德·舒尔茨身上，希望他能找出一条星巴克发展的新道路。

霍华德的想法很简单：从顾客角度出发，实行数字化、网络化的战略，依靠互联网打造“第四空间”。他设立了一个叫作 CDO（首席数字官）的职位，主管星巴克网络数字化战略的则是 CEO+CDO+CIO 三人领导小组，负责在整个中高层中达成共识的基础上进行 O2O 方面的决策，有以下两个方面：

（1）移动付费——手机钱包促销。人们对手机的依赖越来越严重，手机支付也很方便快捷，容易刺激顾客额外的购物冲动。因此决定将手机作为数字化战略的一个主要部分。为了鼓励顾客使用手机钱包，星巴克也推出了同步的优惠促销活动。星巴克不仅成了美国移动支付规模最大的零售公司，也是许多社交媒体平台受欢迎的食品公司。

（2）O2O 互动推动发展。星巴克多年来倡导的企业文化就是倾听、互动、谦恭、趣味。在“我的星巴克点子”网站里，每一个成员都可以畅所欲言，可以就某个产品进行讨论，星巴克实现了与顾客零距离接触。通过社交平台，星巴克与顾客建立了更多的情感交流，使品牌认同感得到了更大的提升。

在中国，星巴克的“第四空间”也在通过手机 App、微博、微信等各种社交媒体和移动端与消费者进行连接，中国已经超过日本，成为星巴克最大的海外市场。

5. 个性化订制

个性化的产品，是企业形成互联网品牌的成功关键。阿里巴巴集团用了 15 年变为了中国互联网第一品牌。Google 这个互联网的商业奇迹，仅仅用了 10 年，从一个小不点成长为一个帝国。苹果公司成立至今不到 40 年，成了目前最成功的品牌。

互联网时代，产品的周期太短，而企业可以凭借个性化的产品横空出世，无须漫长的积累等待，个性化的产品是企业形成互联网品牌的关键。

6. 注重产品细节，吸引消费者

互联网时代的消费者，注重产品的细节描述。互联网上的产品，靠一张宣传图片或是视频是行不通的，消费者要看很多关于产品的文字和各种细节的描述，会花时间来了解自己感兴趣的产品，从而对比选择购买产品，因此注重细节是品牌模式制胜的关键。

四、O2O 商业模式

O2O 即 Online To Offline（在线离线 / 线上到线下），这个概念最早来源于美国，是指将线下的商务机会与互联网结合，让互联网成为线下交易的平台，把线上的消费者带到现实的商店中去，真正使线上的虚拟经济和线下的实体经济融为一体。O2O 的概念非常广泛，只要产业链中既可涉及线上，又可涉及线下，就可通称为 O2O。O2O 模式将带动整个移动互联网产业的发展，而移动互联网也将成为 O2O 发展的重要助推剂。

O2O 模式的核心模式，就是把互联网平台上的消费者带到现实的商店中去，在线支付购买线下的商品和服务，再到线下去享受服务。通过打折、服务等方式把线下商店的消息推送给互联网用户，从而将他们转换为自己的线下客户，线上带动线下购买。

O2O 商业模式的关键点是在网络平台上吸引消费者，然后将他们带到现实的商店中。它是支付模式和为店主创造客流量的一种结合，对消费者来说也是一种“发现”机制，实现了线下的购买，这就对线下服务提出了更高的要求。这种模式应该说更偏向于线下，更利于消费者，让消费者感觉消费得较踏实。

B2C、C2C 是在线支付，购买的商品会塞到箱子里通过物流公司送到你手中，而 O2O 是在线支付，购买线下的商品、服务，再到线下去享受服务。O2O 和团购的区别：O2O 是网上商城，团购是低折扣的临时性促销。

O2O 模式成功案例中最有创意的就是黄太吉。黄太吉是 2012 年在北京成立的中式快餐食品公司。煎饼是我们最常见的一种小吃，在城市里工作的人经常将它当早餐吃，经常都是推着三轮车来卖的。但就是这不起眼的煎饼，黄太吉却把它带到了北京的 CBD，还卖出了 10 元一张的惊人价格。

黄太吉的煎饼店面积不大，只有十几平方米，一共就有 16 个座位，但是就是这样一个小店面，创造出来的收益却是非常惊人的，每年达 500 多万元年收益，其市值估值超过 4000 多万元。

店主将黄太吉的成功归因于“良心用好料，还原老味道”等，但是我们经常说“众口难调”，味道只是其中一个方面，最成功的是黄太吉 O2O 商业模式。

在黄太吉只有 16 个座位的煎饼店里面，免费提供无线商务服务，店主希望在这里吃煎饼的每位顾客把自己的建议和感受分享出去，而就是营造这样的“分享”氛围，达到线上线下打通的效果。当人们看到微博、微信上那些黄太吉的一些忠实粉丝，有的人说在黄太吉店面里面吃得非常爽快；有人在送情人节礼物时就是带着黄太吉的煎饼；有的人万里迢迢从遥远的美国飞过来，其目的只是为了看一眼黄太吉煎饼；怀孕的孕妇在微博上留言：不吃上煎饼就会胎动异常。每天都会有人愿意排上半个小时的队，带一张煎饼回去。

正是这种线上线下的互动，带动了黄太吉的发展，也创造了煎饼在O2O模式的一个小奇迹，可见商业模式的创新会给企业带来意想不到的成功。

总结起来，O2O商业模式的实施方法有以下几点：

1. 线上互动+线下消费

这种模式主要是在线交流互动，并开展一定的优惠或促销活动，然后在线下指定地点去消费。

口碑网是淘宝网旗下网站，是打造生活服务领域的电子商务。网站为消费者提供评论分享、消费指南，是商家发布促销信息，进行口碑营销，实施电子商务的平台。2009年9月，口碑网并入到亚洲最大的网上零售商圈淘宝网，成为大淘宝战略中的重要一环，口碑网的远景目标是成为全球最大的本地化生活社区，口碑网能为人们提供最方便快捷真实可信的生活的各类相关信息。

2. 线上消费 + 线下互动

这种模式主要是在线上进行交易，同时也展开交流和发布活动信息，而线下主要是面对面的交流或现场互动展示。这种模式常见的就是没有线下店面的电商领域。

携程旅行网是在线旅行服务公司，主要提供的服务有酒店预订、高铁代购、旅游度假。会员登录后，可以根据自己的需要先查询携程网能提供哪些服务，确定服务是否满足自己的需要，然后选择服务种类、时间、地点，以及确定取票地点，最后在线下单。可以说，在携程网，会员可以一次性完成整个旅程的服务。

3. 线上消费 + 线下消费

这种模式是线上线下都可以同时销售，同时线上和线下都可以交流互动，都可以展开促销和优惠活动。

苏宁易购是建立在苏宁电器长期以来积累的丰富的零售经验和采购、物流、售后服务等综合性平台上的，同时由行业内领先的合作伙伴 IBM 合作开发的新型网站平台。虚拟经济无实体店支撑很难发展起来，苏宁 B2C 的优势在于可以把实体经济和虚拟经济结合起来，共同发展，与全球领先的 IBM 公司强强联手，构建了互惠共赢的战略合作局面，有实力最大限度赢得 B2C 的市场收益，苏宁也有望成为 B2C 行业内最优秀的服务品牌之一。

无论是哪种 O2O 的商业模式，最终目的就是吸引更多的客户，互动也是为了保证老客户不流失。新客户在进入平台后，通过服务或优惠，促使他们转化为真正的客户，然后让这些已经成为客户的人群愿意长期在平台进行消费。

4. 手机二维码

随着移动互联网的快速发展，消费者通过手机连接互联网、O2O网站、App 商店、社交网店或通过在线下实体店或传单上扫描条形码或二维码等方式，查找和获得自己需要的产品和服务，然后利用手机支付进行购买，再到线下实体店进行消费。现在人们在消费中见到最多的就是二维码的应用，到处都能看到黑白色的二维码。手机扫拍二维码可以在瞬间获得网址、访问移动互联网，获得商品的信息，也可以下订单，从而拉近了商家和消费者之间的距离。商家可以利用手机这种特定终端推出更多服务，形成更多互动，最终实现更大的商业价值。

现在许多商家都通过支付宝、微信等平台进行支付，实现 O2O 线上支付与线下商务的整合，为用户在衣、食、住、用、行等许多生活领域提供便利。现在手机用户的庞大市场将使第三方支付企业通过手机打通线上线下资源，实现了 O2O 商业模式。

5. O2O 商业模式和传统企业相结合

移动互联网的快速发展改变了人们的消费习惯，线上线下的边界也越来越不明显，越来越多的行业开始互联网化，进入线上线下融合的大军当中。O2O 也不再限于前端产品和服务的线上化，开始向传统行业上下游不断拓展，面向前端的技术产品类型不断增多，从营销、决策、供应链等多方向切入，将整个产业链连接到数字世界，深度挖掘线下潜能。线下商业复杂度高，不同行业不同企业之间差异巨大，线上企业需要不断深化对传统行业的理解，方能真正助力传统行业实现变革。

五、C2M 商业模式

C2M（Customer To Manufactory）又称“短路经济”，即连接消费者和制造商，“预约购买，按需生产”，简称“客对厂”。这是由用户需求而衍生的生产制造模式，“客对厂”是一种新型的电子商务互联网商业模式，是基于社区 SNS 平台以及 B2C 平台模式的。C2M 商业模式实现了顾客到工厂的直接连接，去掉了所有的中间流通加价环节，使顾客能与制造商、设计师直接连接，为顾客提供优质平价、性价比高、个性化且专属的产品。

1. C2M 产生的环境及因素

2015 年 7 月，全球首个 C2M 电子商务平台上线，这是 C2M 模式首次应用在互联网电子商务中。它一头连着制造商，一头连着消费者，去掉库存、物流、总销、分销等一切可以去掉的中间环节，砍掉包括库存在内的所有不必要的成本，让用户以超低价格买到超高品质的产品。

C2M 模式是在“工业互联网”背景下产生的，被称为继蒸汽机、电气化、自动化之后人类的第四次科技革命。C2M 源于德国政府在 2011 年汉诺威工业博览会上提出的工业 4.0 概念，是指现代工业的自动化、智能化、网络化、定制化和节能化。它的目标是通过互联网将不同的生产线连接在一起，运用庞大的计算机系统随时进行数据交换，按照客户的产品订单要求，设定供应商和生产工序，最终生产出个性化产品的工业化定制模式。

工业互联网，简单地说就是将人、数据和机器连接起来，结合软件和大数据分析，重组工业结构，从而激发生产力，为制造商和客户带来前所未有的解决方案。这会大大提高传统行业的劳动效率，将为诸多工业领域带来巨大的变革和机遇，它所带来的市场空间不可限量。2015 年在全国两会政府工作报告中，李克强总理 8 次提到“互联网”，并且提出了“互联网 +”的概念，明确提出要将移动互联网与现代制造业相结合，促进工业互联网的健康发展。

2. 去除中间商，建立用户到工厂直连模式

C2M 实现了用户到工厂的直连，去除所有中间流通加价环节，连接设计师、制造商，为用户提供顶级品质、平民价格、个性且专属的商品。C2M 模式还颠覆了从工厂到用户的传统零售思维，由用户需求驱动生产制造，通过电子商务平台反向订购，用户订多少，工厂就生产多少，

彻底消灭了工厂的库存成本，工厂的成本降低，用户购买产品的成本自然也随之下降。

C2M 这种创新的商业模式是对传统商业模式的颠覆，促使一些优秀的传统企业进行转型，由于互联网企业的进入，又引来众多参与者的加入。

3. C2M 商业模式的创新方法

（1）传统制造型企业转型 C2M。传统制造业和互联网相结合，传统企业在产品设计、生产制造、技术研发、品质等有绝对的优势和坚实的基础及资源，通过工业 4.0 实现数字化驱动的全供应链生产能力，来实现大规模个性化生产。传统制造企业除了要进行数字化工厂改造之外，还需要互联网平台的客户资源。

（2）第三方平台跨界 C2M 生态链。第三方电商平台利用客户资源优势，与传统制造商实现链接整合满足客户需求，对于缺乏互联网引流的制造商而言，是个流量入口。典型例子是天猫和京东分别与威克多、埃沃等品牌跨界定制。

（3）提供一体化 C2M 解决方案。对于一些有互联网沟通引流能力的公司，在 C2M 平台技术架构上更有优势，他们能够与传统制造企业进行很好的衔接。

2015 年，必要商城在北京举办“颠覆·回归”新闻发布会。

必要商城 CEO 毕胜在发布会上表示，必要商城将进军汽车行业，并与国内最大汽车企业吉利集团合作，线上发售可定制的吉利熊猫酷趣版轿车。线上发售可定制版汽车在国内尚属首次。

必要商城作为全球首个C2M电商平台，正在颠覆传统电商模式，必要商城并非单一的电商交易平台，而是要通过C2M的“短路经济”模式，一头连着制造商，一头连着消费者，去掉库存、物流、总销、分销等一切可以去掉的环节，砍掉所有不必要的成本。

2016年4月，长安汽车电商平台——长安商城正式上线，首期开通“整车个性化定制、客户在线订车、精品配件、汽车保险”4大业务板块，涵盖旗下乘用车、商用车、轻型车3大品类。长安商城首推C2M在线定制模式，新车CS15是一款具有万种定制组合的个性化自选车型，而长安商城则是用户下单的唯一平台。客户直接在线下单，缩减了客户沟通、交易的环节，从而带来成本的节约，环节节约的同时也带来成本的降低，从而让客户可以低成本享受定制化的产品。

在互联网时代，更多的用户越来越注重生活品质和效率，C2M正好迎合当前的消费趋势，还缩短了整个产业生态链。

4. C2M商业模式创新离不开互联网的大数据

如何准确把握用户需求是C2M模式运转的关键，而大数据分析是破解这一难题的最有效手段。这就要求在用户积极参与定制的过程中，记录、分析用户的行为以及需求表达，通过大数据的挖掘分析，获得指导性的意见来安排生产，在流程中实现全面的数据化，提升效率。

5. C2M 商业模式创新，要运营高度智能化

在供应链方面，C2M 模式把产品控制权交给用户，对制造商的供应链整合能力提出很高的要求，快速设计、生产、交付需要将供应链优化到极致，才能满足用户的需求。在生产方面，要利用精益生产运行管理平台，实现多品种、小批量、定制生产。在物流方面，制造商还需要通过智能仓储、智能物流，在低成本的基础上最快地将产品送到用户手中。

6. C2M 商业模式创新的根本是个性需求、节约成本、提高效率

C2M 也改变了“必要”物流周期长，反应速度慢，服务体验差，售前售中售后服务无法保障的状况。C2M 的出现无疑是电子商务互联网商业模式的重要革新，一方面是因为迎合了当前用户的个性化需求，通过减少中间环节达到成本降低、效率提升的效果；另一方面，对于企业而言，运作模式的调整会带来一定的成本和阵痛期，但中间环节减少带来的成本节约和库存压力的降低，以及由定制化模式吸引的用户群体数量增长，都驱使制造商思考 C2M 模式的价值。

六、物流商业模式

物流行业起源要比互联网行业早得多，但是就其发展来说，却远远落后于互联网。长期以来，物流行业的发展都比较缓慢，在发展过程中，“散、乱、小、差”等问题成为整个物流行业的一个个难题。在中国早期，物流一直都是中国邮政一家说了算。

现今互联网时代，在淘宝、天猫、当当等电商模式的兴起下，顺丰、中通、申通等各类第三方快递公司迅速崛起，京东商城的迅猛发展也带动了自建物流京东物流的壮大，然后各大电商平台也开始纷纷自建物流。

当今互联网的影响越来越明显，各种互联网商业模式的出现，让互联网对传统物流产业的重构成为可能。从趋势来看，未来的物流是互联网平台经济的时代，通过对资源的整合，互联网物流企业都处于快速发展的势头，商业价值也越发明显。

1. 物流商业模式创新的起因

（1）互联网化。互联网是推动物流行业发展的原动力。互联网快速发展，使得整个社会的所有产业链都在发生着变革和创新，物流行业改革也势在必行，传统的低效率、混乱的局面必然要重新改变。

各类 O2O 的兴起，促进了送货上门的服务。如外卖、便利店、医药、鲜花、蛋糕、餐饮等，这些配送就需要相对应的物流产业。自建物流前期成本太高；如果依托线下商家配送，难以保证服务质量；大部分商家不愿自己配送；依托顺丰、圆通、申通等第三方物流近距离配送也不现实。于是，与各种上门配送服务相关的物流趁机兴起。

（2）电商的快速发展。电子商务的发展直接促进、加快了物流的发展速度，而电子商务高速发展的同时，还需要与好的物流企业来相互结合。由于电子商务针对的客户群体不一样，相应的物流也越来越倾向于“量小、多次、高频率”的运作模式。如果仅仅依靠传统物流企业，难以跟上电子商务的物流需求，所以必须寻求互联网物流企业在物流商业模式上的创新。

电商的高速发展已经验证了当前的物流已经难以满足它的配送需求，尤其是遇到电商促销日，比如京东 618、天猫“双十一”等购物狂欢节，物流配送无法按时送达几乎成了每一次电商促销日各大电商平台最头疼的问题。

（3）海外购物。海外购物也俗称“海淘”，现在也成为购物新趋势，是互联网物流企业快速成长的催化剂。移动互联网物流在提供海外直购服务方面有着天然的优势，其在跨境电商业务中，扮演着重要的角色，直接决定未来各公司的服务水平和市场竞争力。

（4）物流服务质量相对较低。目前物流行业普遍存在服务水平质量低现象，广大用户除了对顺丰等一些物流的服务水平比较认可之外，许多物流的服务态度和服务质量都存在很多不足，而顺丰物流的价格也相对比较高。所以整个行业的物流服务水平都急切需要提升，需要新的物流平台和模式来替代传统物流，互联网与传统物流相结合则是一个不错的选择。

（5）“互联网 +”。“互联网 +”代表的新经济形态，在网络化世界里，物流互联网化将追求更高效、更精细的分工，“互联网+”是一种技术手段与传统行业的融合。物流行业的市场会逐步由规模化向细分化、个性化、多样化演进。

2. 实现物流商业模式创新的方法

（1）整合资源、优化流程。物流的本质就是提高效率，“整合资源、优化流程”，是物流永恒的主题，这是物流在应用互联网的时候所必须要强化的。只有在整合资源基础上优化流程，才能够提高效率，达到降低成本的目标。互联网对物流发展最大的推动力之一就是加快物流组织模式尽快向供应链转型升级，就是要做资源整合和优化。

（2）依赖互联网数据。在互联网环境下，物流发展模式就是创新驱动，但这些都要依赖互联网对数据和信息的获取。“互联网 +”可以做到以下三点：一是获取信息更加精确真实；二是获取信息更加方便；三是获取信息更加及时。数据资源是物流和零售行业用“互联网 +”必须挖掘的资源，这也是一种战略资源，只有成功地应用互联网挖掘和整合数据资源，才能在后续的发展中作出创新。无论物流还是零售，都应该是用数据去管理，用数据去分析，用数据去决策，用数据去创新。

（3）运用“互联网 + 物流”降低成本。“互联网 + 物流”形成的首要因素在于将改变原始物流的运作模式，这不是单纯地建网站、搭平台、开发 App，更多的是利用移动互联网优势，在管理监控、运营作业、金融支付等方面实现信息共享，用互联网思维、信息化技术来改造物流产业，在新的领域创造一种新的物流生态。

“互联网 + 物流”的创新模式要首先转变目标，降低成本。转变目标是要转变思维方式，能够形成一种模式，去降低客户的成本，不去作价格比拼，把目标模式从降价模式转变为降成本的目标模式，这样才是物流本身所具有的价值。现阶段，物流所要做的就是降低成本，否则体现不了价值。

（4）智能化物流。近年来，随着大数据的不断发展，物流发展应用也日新月异，比如，亚马逊推出的出租车顺路送货和瑞典试点的众包模式“路人送货”等。物流智能化趋势也很明显，在运输环节，UPS、Google、DHL 和国内的顺丰都自行开发了载货无人机，德国甚至已经开始投入应用；在仓储环节，亚马逊的 KIVA 拣货机器人标志着电商仓储管理已经进入新时代；各国配送机器人项目也在研发中。

七、双模模式

在以往的传统商业里，更多的是从“盈利模式”考虑，企业一定是想清楚了必须要有利可图，所谓“无利不起早”才会去做这个生意。盈利是企业生存的基础和根本目的，所以盈利模式也成了企业唯一的商业模式。

随着互联网时代的深入，一切都发生了变化，企业首先要集中精力考虑用户、获得用户、留住用户，以怎样的方式为用户提供更好的体验，进而形成一定规模的用户平台，等到形成了一定的用户规模和用户忠诚度之后，才可以考虑如何开发这些用户资源来赚钱。

埃森哲咨询公司在 2012 年 2 月《商业价值》上发表《移动互联网“用户模式”和“盈利模式”》一文，指出移动互联网的商业模式可以归纳为“用户模式”和“盈利模式”的双模模式。

所谓双模模式，就是一个包括“用户模式”和“盈利模式”在内的商业模式，其中用户模式还包括用户规模、用户体验、用户黏性三个要素，盈利模式包括前向收费模式、后向收费模式、衍生收费模式。用户模式是盈利模式的基础，盈利模式是企业持续发展的保障。即用户模式 + 盈利模式 = 商业模式创新。

在互联网时代，我们要同时考虑用户发展和盈利模式，但是要明确两者，分开考虑，首先建立用户模式，通过聚集人气、黏住用户，形成巨大的用户空间；然后建立盈利模式，即在这个已经形成的用户空间里寻找合适的商业价值，来达到商业目标。

1. 提升客户的数量，形成良性发展

在双模模式中最关键的还是拥有客户的数量，只有在客户不断增长的情况下，才能吸引产业链中的合作伙伴来投资，只有这样企业才能更好地去管理和丰富平台的产品和应用，才能不断提升客户体验，从而形成平台发展的良性循环。

若没有充足的客户数量，就不能吸引合作伙伴的加入，也就不能进一步丰富平台应用和服务，这样平台便失去投资和对客户的吸引力。注重客户规模数量发展是移动互联网企业的重要策略，它是统领移动互联网模式创新的核心问题。

2. 保证企业盈利，保障创新实现

在注重用户规模的同时，也要注重盈利模式，如果一个企业没有

盈利，这个企业也未必能够成功。

Fitfu（一款手机健身应用）始于2009年的新年，两个英国人在凌晨的时候在App Store上发布了一个小应用。这是一个指导和督促人们利用零碎时间做俯卧撑的应用，而售价只有0.99美元。

令他们没有想到的是，这个小小的应用竟然会有很大的下载量，而且被很多知名的媒体报道。他们觉察到这个小应用应该会解决一个比较大的市场需求，可以让大家能利用业余时间去锻炼身体，这样既解决了没有时间去健身房的问题，也给大部分人减轻了经济负担，让人们能随时随地锻炼身体，还比较有趣，不枯燥。

他们通过Channle4（英国公共服务电视台）的一档创业节目在2009年12月筹到了10万英镑的启动资金，随后他们找到了最好的设计师、3D动画师、程序员等组建了团队。公司被命名为“Fitfu”，其中“Fit”是“Fitness”（健身）的前缀，“Fu”是“Kung Fu”（功夫）的后缀。融到了天使投资，又有着良好的用户基础，一家非常有前途的创业公司成立了。

公司成立之后，他们经过将近一年时间的开发，全新的健身应用Fitfu1.0版在App Store上线了，应用售价为4.99美元。新产品发布了，并且公司进入了一个更大的发展舞台。

在第一版发布10天之后的2010年12月17日，1.1版就上线了，主要改进了产品的性能。2011年1月19日，1.2版发布，添加了乐通娱乐的锻炼项目，并且增加了付费购买的锻炼课程。2月5日，1.3版发布，支持多个账号，这样家庭成员就可以一起使用这个应用进行锻炼并且分别跟踪每个人的进度了。3月11日，1.4版发布，加入了社交元素，用户可以把锻炼结果分享到Facebook，并且推荐好友来下载应用还能得到奖励。

2011年，Fitfu团队离开了硅谷回到英国，他们的产品开始不断尝试各种商业模式。5月3日他们尝试把应用变成免费下载方式，两周的试验之后，发现这个模式不可持续。随后这个应用还不断进行了改动。在苹果的WWDC大会上，Fitfu上了推荐榜，并且在健康类付费应用里长期保持第一名的好成绩。

可惜Fitfu的流行并没有给他们带来财政上巨大的回报。他们尝试过产品免费靠广告取得收入，也尝试了按月收费模式，但是最后都没有成功。2012年9月Fitfu决定将应用撤下App Store，并且关闭公司。现实就是这样残酷，一家入不敷出的公司终究要倒闭的，而Fitfu的下载量则定格在了25万。

Fitfu的失败告诉人们，移动互联网企业要成功，就必须将“用户模式”和“盈利模式”有效结合起来。没有盈利模式的用户模式是不可持续的。实现可持续的盈利关键在于产品创新、客户体验创新、销售模式创新、盈利模式创新和商业模式创新。

3. 优化客户体验，夯实创新基础

产品创新首先要站在客户体验创新的基础之上。好的客户体验建立在对客户需求精准把握的基础上，这就需要移动互联网企业不断根据客户反馈和建议，进行产品快速更新，不断完善，让用户在使用过程中感到愉悦。同时，要找到可持续的盈利模式，关键在于商业模式的创新，企业要找到适合企业自身特点的商业模式才是最好的商业模式创新。

因此，移动互联网企业要重视并关注目标客户的需求，分析目标客户的价值主张，在未被满足的需求上下功夫，突破客户的边界，这是企业立足的根本，是企业构建核心竞争优势的原点，也是企业商业模式创新之本。

八、免费模式

“天下没有免费的午餐。”但是在互联网盛行的时代，“免费”不再遥不可及。我们看电视节目，是电视台免费向观众播放的，而电视台是通过第三方广告商预付的广告费来盈利的。麦当劳、肯德基免费为顾客提供 Wi-Fi、免费提供卫生间，但是我们看到他们每天的销售额都非常可观。早期微软与网景两者之间发生过一场奇怪的商战，双方争着把浏览器免费送到客户手中，其目的很简单，就是为了争夺客户。腾讯 QQ、微信、电子邮箱、360 软件等免费网络工具或网络服务给人们的工作和生活提供了很大的便利，甚至在一定程度上改变了人们的工作和生活的方式。我们可以利用互联网看免费的电影、收听免费歌曲，许多网站免费为人们提供大量的信息资源。这种以免费模式吸引用户的做法，是现在移动互联网企业的主要手段。

很多人认为，所谓的“免费”只是狡猾的商人采用的营销策略而已。

美国《连线》杂志前任主编克里斯·安德森认为："在此时的经济中，免费是真实存在的，而且它正强有力地推动着互联网经济向前发展。"

安德森还认为，"免费"并不是一种左口袋出、右口袋进的营销策略，而是一种把货物和服务的成本压低到零的新型卓越能力。所以，对于企业来说，免费不是意味着零利润，相反，免费是企业最重要的生存手段。

1. 阿里巴巴免费模式

连续五次被美国权威财经杂志《福布斯》选为全球最佳 B2B 站点之一；在全球著名的互联网流量监测网站 Alexa.com（网站流量全球综合排名查询）上，占据全球商务及贸易类网站进行排名第一的位置；目前全球最大的网上交易市场和商务交流社区之一，全球企业（B2B）电子商务最好的品牌之一——阿里巴巴，一个专门做电子商务的网上贸易市场，也是全球首家拥有 220 万商人的电子商务网站。在互联网创业的热潮中，阿里巴巴的成功绝非偶然，它有着良好的定位，稳固的构成，优秀的服务，但更重要的是，它有着不同寻常的商业模式——免费商业模式。

2001—2004 年间，阿里巴巴通过打造免费的电子商务平台（B2B/B2C/C2C），达到了大量汇聚人气的目的，注册用户规模与网上商机量得以快速扩张。在起步阶段，网站放低会员准入门槛，以免费会员制吸引企业登录平台注册用户。

阿里巴巴会员多数为中小企业，免费会员制是吸引中小企业的最主要因素。大大小小的企业活跃于网上市场，反过来为阿里巴巴带来了各类供需，壮大了网上交易平台。阿里巴巴每月页面浏览量超过4500万，信息库存买卖类商业机会信息达50万条，平均每条买卖信息会得到4次反馈。

阿里巴巴通过增值服务为会员提供了优越的市场服务。尽管目前阿里巴巴不向会员收费，但据马云介绍，阿里巴巴网站目前是盈利的。阿里巴巴的盈利项目主要为中国供应商、委托设计公司网站、网上推广项目和诚信通。中国供应商是通过阿里巴巴的交易信息平台，给中国的商家提供来自各国国际买家的特别询盘。客户可以委托阿里巴巴一次性投资建设公司网站，这个项目主要是阿里巴巴帮助企业建立拥有独立域名网站，并且与阿里巴巴链接。网上推广项目由邮件广告、旗帜广告、文字链接和模块广告组成。邮件广告是由网站每天向商人发送的最新商情特快邮件，其中插播商家的广告，文字链接则是将广告置于文字链接中。新推出的诚信通项目能帮助用户了解潜在客户的资信状况，找到真正的网上贸易伙伴；进行权威资信机构的认证，确认会员公司的合法性和联络人的业务身份；展示公司的证书和荣誉，让业务伙伴的好评成为公司实力的最好证明。

2. 金吉列的“免费”创新模式

实际上，早在20世纪初期，“免费”的商业模式就已经开始盛行，商家向客户提供一些免费商品，其目的是吸引我们去买别的配套的收费商品。这就意味着，购买收费商品事实上为我们享受免费商品提供了直接的“补贴”。吉列剃须刀就是通过这种商业模式发展起来的。

20世纪初，金吉列发明了一次性剃须刀，但这种刀片和剃须刀分开的新产品，在市场上反应非常不好，销售业绩很差，第一年仅售出51把剃须刀。为了扭转局面，他改变策略，对销售模式进行了创新。首先用低价格卖给军队，接着他与银行等单位联系，免费赠送客户们，就是真有免费的剃须刀获得了大量顾客的关注，同时这种免费模式也改变了顾客的使用习惯，而免费的剃须刀却创造了对一次性刀片的巨大市场，也就是这一次性刀片，成了吉列公司主要的利润来源。剃须刀免费，一次性刀片收费，用后者赚得的利润补贴前者的“免费”，这就是吉列牌剃须刀成功的秘诀所在。

3. “免费”模式出发点是聚集人气

麦当劳、肯德基的卫生间对任何人永远都是免费开放的，不消费也可以使用。假如有一天，我们着急上厕所，尤其是在城市的大街上，找一个公厕非常难，这时候你会想到哪里？去麦当劳、肯德基，为什么？因为那里免费。相比一些饭店、餐馆，没有消费能去厕所吗？累了能在里面休息吗？不能，没有消费就不会有免费的使用权。麦当劳、肯德基这样做，为他们带来了什么？带来了客流量，烘托了人气，有助于品牌的传播，让过客成为顾客。

这是一种看似简单、效果却非常显著的免费措施，这也是他们成功销售的一个手段。用“免费”留住客户，再做商业模式创新。诸如此类的免费商业模式数不胜数，可见“免费”的商业模式并非新生事物，而是不断地改变形式出现，免费似乎改变了人们数千年来的等价交换法则。

互联网经济的发展使它越来越成为免费经济的代名词，数字时代的“免费”商业模式渐渐成为一种趋势。用户需求在变，业务类型在变，盈利模式在变，不变的是客户规模，只有先留住客户，才能想办法赚钱。因此，免费是移动互联网企业赢得海量用户的重要手段。

4. 常见的免费商业模式

（1）免费与收费模式，即“免费”提供服务和宣传，获得客户资源，再提供增值服务。免费 + 互联网模式又称为免费增值模式，它是互联网最常见的一种商业模式。这种商业模式是企业为用户提供免费服务，利用广泛的宣传、良好的客户体验来获得大量用户，然后再向用户提供增值产品和服务，以实现企业的盈利。因为，当一个网络平台拥有一定的用户时，只要有少数人购买了他们的产品，就能达到盈利的效果，所以他们不担心赚不到钱，而且大量的用户不但提升了平台的价值，同时也推动了平台的广告效益，使平台盈利模式逐步多元化。

免费增值模式的推动力量，主要是随着互联网的不断发展，维护用户的服务成本在逐渐降低，随着用户规模的不断扩大，平均到每个用户身上的服务成本基本上可以忽略不计，为免费增值模式奠定了基础。

在国内，知名的互联网企业如百度、腾讯、奇虎360等，都是这种模式的践行者。

（2）免费与广告的模式，即用“免费”模式做媒体，收取广告费用，获取企业利润。这种模式又称为“双边市场”，最典型的例子就是电视、视频媒体，媒体负责向观众免费播放电视、电影、新闻、娱乐节目等，当然也含有广告，广告就是这些媒体的盈利点。发布广告的企业或公司向媒体支付广告费。广告是一种产品宣传方式，能提升一个企业或者公司产品的销售和知名度，从而获得更多的利润。很多观众免费收看了电视节目，人们观看广告后购买了广告宣传的产品，发布广告的公司就能得到回报。

Facebook是全球第一大SNS（社交网络服务）网站，为用户提供免费的社交平台。用户在免费平台上进行好友之间的互动和交流服务，从而吸引了大量的广告投资商，Facebook通过向广告商收费实现盈利。从目前Facebook的盈利模式来看，来自广告业务的收入占总收入的比例达到84%，其余16%来源于应用和服务收费。

再如搜索类的公司，谷歌和百度，它们都免费提供搜索服务，从而聚集了大量的用户和流量，而盈利的模式就是向发布信息的企业收取费用。

总之，随着互联网的快速发展和广泛应用，“免费”商业模式不断地发生着变化，这也向传统的商业模式发出强有力的挑战。免费商业模式快速发展，正在改变人们的生活及消费模式，企业要针对自己的情况，及时进行商业模式的创新，才能在互联网时代站稳脚。

第七章

互联网模式与传统产业的融合

一、众筹模式：融资产业互联网

众筹是近年兴起的一种互联网金融模式，指小企业、艺术家或个人借助互联网的平台，对公众展示他们的创意，从而争取网民的关注和支持，用团购和预购的形式，向大众募集所需要的项目资金，其实是一种有交换的商业援助。

这几年，“众筹”一词非常火爆，这种新型的融资模式悄然改变了很多行业，是国内外最热的创业方向之一。2009 年，Kickstarter（一个专为具有创意方案的企业筹资的众筹网站平台）在美国成立，从此，众筹成了一个新的创业模式，并借助互联网的推广传播迅速在世界范围内蔓延开来。

众筹模式也称为大众筹资或群众筹资，它由发起人、投资人、平台构成，通常具有多样性、低门槛、依靠大众力量、注重创意的特征。

Kickstarter 并不是第一个以众筹概念出现的网站，却是第一个做成的网站，它的成功使其成为众筹模式的代名词，曾被《时代周刊》评为最佳网站。

2011 年 7 月，“点名时间”作为我国第一家众筹网站上线，它标志我国众筹行业由此起步。2011 年 9 月，“追梦网”上线，它是我国第一家公益性质的众筹平台。同年 11 月，“天使汇”上线，它是第一家股权众筹平台。在此后的两年时间里，数十家模式各异的众筹网站纷纷上线。

随着众多众筹网站的成立，国家也加强了对它们的监管力度。2014 年 11 月，李克强总理在国务院常务会议上首次提出：“要建立资本市场小额再融资快速机制，开展股权众筹融资试点。”证监会也给出了众筹融资的监管规则，即“鼓励创新、防范风险、趋利避害、健康发展”。证监会肯定了股权众筹融资的意义，认为这种新兴网络融资方式是对传统融资方式的补充，它对于拓宽中小微企业融资渠道，促进资本形成，支持创新创业，完善多层次资本市场体系均有现实意义。

随着政策支持的加强和监管规则的完善，2014 年，众筹行业快速发展，高度集中，平台数量急剧攀升，众筹项目和融资金额飞速增长：国内奖励类和股权类众筹平台一年新增 78 家，总数已达 116 家，增长率超过 200%。其中，奖励类众筹平台由 28 家增至 69 家，平台数量是股权类众筹平台的 2.5 倍；股权类众筹平台的增势最为迅猛，由 2014 年 1 月份的 5 家增至年底的 27 家。其中奖励众筹资金总额达到 1.0435 亿元，股权众筹则达到 3.4682 亿元，募资总金额累计突破 4.5 亿元。因此，2014 年，我国的众筹行业飞速发展，堪称“中国众筹元年”。

众筹模式是对当前互联网金融创新的一种重要突破，它是对传统融资方式的一种颠覆和创新，对推动金融的发展具有重要意义。

传统的融资方式一般是以银行为中心的政府主导型金融体系，特别是我国科技型中小企业筹资，一直以来都是依赖这种体系。这种体系的弊端是无法释放大众参与金融的热情，使大众处于“金融被动”的状态中，互联网众筹则打破了这一局面，它的开放和分享的特性，令金融业务从“高大上”走向平民化，使得投资领域更具有大众性。这种模式正越来越被人们接受，为科技型中小企业拓宽融资渠道创造了非常好的平台和机遇，它一方面降低了融资难度，使中小企业在较短时间内获得资金；另一方面给了民间资本很大的参与感，实现了民间资本与企业的无障碍对接。所以众筹已经逐步成为文化科技产业小微企业和个人创意从业者越来越重要的融资渠道，也在很大程度上提高了小微企业创新的积极性。

二、乐视：开创企业用众筹营销之先河

2013年6月19日，乐视开始预售首款基于互联网的智能电视产品。7月3日，乐视超级电视X60开售不到一个小时就销售1万台，当日销售额超7500万元。7月17日，S40开放销售，82分钟后再度被抢购一空。

良好的销售业绩来源于乐视对营销模式的创新，即采用了众筹营销模式。我们都知道，乐视是我国知名的视频网站，却将视角转向了电视领域，并创新了电视营销模式。乐视与众筹网一起发起世界杯互联网体育季活动，并上线首个众筹项目——“我签C罗你做主”。只要大家在规定期限内，集齐1万人支持（每人投资1元），项目就宣告成功，乐视网就会签约C罗作为世界杯代言人。届时，所有支持者也会成为乐视网免费会员，并有机会参与一系列的后续活动。

这种众筹模式的营销方式与饥饿营销相比，众筹模式可以让企业

提前就能精确知晓商品的需求量，从而按需生产，如此就缩短了供货周期，减少了物流和库存成本。可以说，乐视这次众筹项目开创了企业利用众筹模式进行营销的先河。

当前，众筹模式主要有四种：股权众筹、债权众筹、奖励众筹和捐赠众筹。

1. 股权众筹

股权众筹是一个或多个投资者对项目进行投资，待筹资成功、项目获得回报后，投资者就会按其一定比例获得相应的股权分成，即获得项目产生的财务回报或者获得创业企业的股权。它是四种模式中能够筹集到最多资金的模式。使用股权筹资，超过 21% 的项目能够筹集超过 2.5 万美元的资金。因此，这种众筹对于电影、游戏、音乐和文学等数字产品资金的筹集最为有效。

股权众筹中比较有代表性的是李群林创建的天使平台。早在 2012 年，李群林创办了“大家投”这一国内最早开战私募股权融资的平台之一，当时，很多知名天使投资人都不愿意参与进来，但李群林还是不断地在微博上宣传自己的理念，终于，经过两个月的坚持，深圳创新谷孵化器成了他的项目领投人。有了机构作为投资者，接下来，就吸引了 11 个人跟过来投资，这样总共 12 个投资人，他们每人出资最低 3 万元，最高 15 万元。“大家投”网站最后出让 20% 的股份。历时 3 个月，“大家投”共融资 100 万元。

“大家投”网站模式是这样的：当创业项目在平台上发布后，吸引到足够数量的小额投资人，这些人都是天使投资人。凑满融资额度后，投资人就可按照各自出资比例成立有限合伙企业，再以该有限合伙企业法人身份入股被投项目公司，持有项目公司出让的股份。

2. 债权众筹

债权众筹是多个投资者对项目进行投资，按照投资的比例来获得债权，在项目成功后，按照比例获取相应的利息收益，并收回本金。这种模式类似于 P2P 借贷平台，是广义的众筹模式，也是中小企业获取融资的重要手段。在这种模式中，投资人可以参与到公司的运营中，给了投资人更多的参与感，像是经营自己的企业。

3. 捐赠众筹

在这种众筹模式中，投资者对项目或公司进行无偿捐赠，即我给你钱，你什么都不用给我。

互联网分析师许单单这两年风光无限，从分析师转型成为知名创投平台 3W 咖啡的创始人。3W 咖啡采用的就是众筹模式，向社会公众进行资金募集，每个人 10 股，每股 6000 元，相当于一个人 6 万元。

当时正是大家玩微博最火热的时候，很快 3W 咖啡就汇集了一大群知名投资人、创业者、企业高级管理人员，其中包括沈南鹏、徐小平、曾李青等数百位知名人士，股东阵容堪称华丽。因此，3W 咖啡也引爆了中国众筹式创业咖啡在 2012 年的流行。在接下来的一段时间里，几乎每个城市都出现了众筹式的 3W 咖啡。3W 很快以创业咖啡为契机，将品牌衍生到了创业孵化器等领域。3W 的游戏规则很简单，但并不是所有人都可以成为 3W 的股东。因为，在 3W 咖啡的众筹模式中，如果你只拥有 6 万元的资金是不能完成募资的。在这里要想坐上股东的宝座，你还必须符合一定的条件，这个条件就是你必须加入 3W 这个互联网创业和投资的圈子。只有你加入了 3W 咖啡众筹圈子，你才能在这个圈子内找到更好的投资方向和人脉，你才能真正地把更多的 6 万元赚回来。

所以，对于 3W 咖啡这种众筹来说，其分红可能很低甚至有时没有，但其附加值会非常大，甚至超出你的想象。而且，你不仅可以赚钱，还可以在朋友中拥有更高的社会地位。这也正是 3W 咖啡的魅力所在。

4. 奖励众筹

在这种众筹模式中，投资者对项目或公司进行投资，获得产品或服务。

当下，互联网向纵深发展，大众创业、万众创新正成为时代潮流，实现融资便利、降低社会融资成本、提高金融服务实体效率、提高资金安全已成为大势所趋，是金融业健康持续发展的命脉。安全是金融稳定的前提。因此，在开展互联网金融创新时，始终把客户权益放在首位，切实保障客户金融资产的安全是众筹行业在互联网环境下发展的重要课题。

2016 年，国务院十部委在互联网金融方面进行了深入的专项整治，对互联网金融监管也不断收紧，众筹行业经历洗牌期，不少众筹平台倒闭、转型。规范化运营的平台将会成为众筹行业的领先者。2017 年，整个众筹行业有望实现稳步发展。

三、余额宝：金融产业互联网

互联网的广泛普及和电子商务的快速发展，以及社会信息的逐步数字化，使得互联网在金融领域不断扩张地盘。互联网的技术平台和底层架构的特性使其具有强大的连接功能，摆脱传统的时空、地域的限制，所有金融活动都成了数据在互联网上的移动，互联网金融由此产生。随后，互联网金融逐渐步入人们的视野，融入人们的生活中。

2013 年被称为互联网金融“创新发展年”。同年 6 月，支付宝网络技术有限公司联手天弘基金，推出名为“余额宝”的余额增值业务。余额宝实质上是一款基于互联网渠道销售的货币基金产品，用户把资金转入余额宝中就可以获得一定的收益。它是在阿里巴巴集团旗下“支付宝”平台基础上，与天弘基金公司共同合作开发的一个平台，集储蓄、转账、增值、理财等功能于一体的综合业务。如果用户向余额宝账户转入资金，就默认为购买了由天弘基金公司提供的名为“增利宝”

的货币基金。如果用户选择将资金从余额宝转出或使用余额宝进行购物和其他支付时，相当于赎回天弘基金。

自余额宝推出以来，以操作方便、高收益、低风险等优势在短时间内吸引了大量的用户和资金。200 多天的时间，余额宝就实现从 0 到 2500 亿元的跨越，而从 2500 亿元到 4000 亿元，余额宝大约只用了 30 天。截至 2014 年 3 月，在不到 10 个月的时间里，余额宝就拥有用户 8100 万户，资金累积量近 5000 亿元，创造了货币基金行业的奇迹，并引发了金融领域乃至整个社会的广泛关注。

余额宝在我国经济及金融领域引起轩然大波，它是在我国监管政策放松有利于电商与基金结合的大背景下产生的，为人们提供了一种高收益且方便快捷的投资选择，同时也吸收大量的资金，这是我国在金融领域一个很好的创新，它能够促进我国利率市场化的进程。

马云说过："我看到的是那些 80% 没有被服务的、该被服务好的潜在企业，如何把他们服务好，中国巨大的潜力就会被发掘。而要服务 80% 以前没有被服务好的企业，我们必须用新的思想、新的技术去服务他们。这可能是中国未来金融行业发展巨大前景所在。"

余额宝的迅速发展是一种必然的结果，相比其他金融领域，它的模式创新给人们带来一种全新的理财概念和消费观念。

1. 操作流程简单

余额宝服务是将基金公司的基金直销系统内置于支付宝网站中，用户将资金转入余额宝，实际上是进行货币基金的购买，相应资金均由基金公司进行管理，余额宝的收益是用户购买货币基金的收益，用户如果选择使用余额宝内的资金进行购物支付，则相当于赎回货币基金。整个流程就跟给支付宝充值、提现或购物支付一样简单。

2. 门槛低

人们经常在银行看到的理财产品一般都是以千元或万元起步，而余额宝与之相比，那就相当于“零”门槛，最低金额一元钱就能买，正是这种低门槛给了人们更多购买的自由和可能。

3. 操作更灵活，收益高

例如，把2000元钱转入余额宝，一天可产生0.2元的收益，这些收益，通过互联网和手机可以实实在在地看到，这些钱虽然不多，但每天能看到“钱生钱”无形中给人们带来成就感和喜悦感。而且余额宝里面的资金随时可以赎回，也可以通过支付宝直接购物，确实非常方便，人们也把余额宝戏称为“屌丝理财神器”。

转入余额宝中的资金一方面在增值，另一方面又可以自由消费，只要用户有需求，随时可以将余额宝中的资金转出，没有手续费，实时到账，而且还能直接提现到自己的银行卡账户，这种灵活性显然优于一般的理财产品，支付宝官方把这种理财方式称为“零花钱理财”。

4. 庞大的互联网用户

余额宝可以用手机随时随地操作，大大缩短了人们购物的时间和现金携带不安全的因素。我国互联网普及率迅速提升，从 2003 年的 0.8 亿网民上升至 2013 年的 6.18 亿人，而手机网民规模从 2007 年的 5000 万人上升至现在的 10 亿左右。智能化手机的普及伴随的就是网络购物的兴起，互联网金融消费的逐渐形成。网购、网上支付和网上银行均快速提升。如今，互联网已成为人们生活的一部分，余额宝正是顺应了网络时代的发展。

马云在 2008 年第七届中国企业领袖年会上演讲时说："如果银行不改变，那么我们改变银行。"余额宝的出现，证明马云说到了，也做到了。

余额宝和银行相比较来看，以前支付宝里面的闲散资金不能获得收益，所以大部分都回流到原来的银行账户里了，现在不但不会回流，而且还会吸收大量的银行活期存款转入余额宝。与银行的业务相比较，余额宝做到了以客户为中心，方式更为灵活，开通更方便，可以随时赎回用于消费支付或提现，在具备活期存款流动性强、使用方便的特性的同时，又可以让客户获得较高的收益。如果两张不同银行的账户互相转账，利用余额宝就能免手续费。

余额宝的出现对于传统银行来说是一个冲击，但也是一柄双刃剑，它打破了银行的垄断地位，随着互联网企业不断叠加产品线，在庞大用户端的支撑下，不断渗入金融的各个子领域，其未来对传统金融的影响将不容小觑。

所以，余额宝一经面世就创造了一连串的优秀纪录，成为互联网金融理财产品的“带头大哥”。腾讯也紧随其后推出了互联网理财工具——理财通，而且上线运行一个月，其规模就接近300亿元。余额宝是符合时代发展潮流的，它是互联网和传统企业结合最好的一种方式，也是网络时代必然的产物。电商纷纷涉水互联网金融，它在前期阶段尚有不足的地方，但是互联网金融将成为基金公司的未来方向，以后的发展劲头十足。

华夏基金零售业务总监赵新宇说：“未来，淘宝、百度、腾讯这些占据了网络大部分入口的互联网公司，对于基金公司而言很可能就是未来网银上的‘工农中建’。”

四、小米：手机产业互联网

北京小米科技有限责任公司成立于2010年4月，是专注于高端智能手机、互联网电视以及智能家居生态链建设的创新型科技企业，首创了用互联网模式开发手机操作系统、发烧友参与开发改进的模式。

雷军说："一是尊重和满足用户的需求，以消费者为主导；二是有问题就改进。"

用户主导产品开发——这正是小米一种全新的商业模式。

小米手机刚开始就邀请了50万名粉丝共同参与设计，小米每天都专注于怎么让客户有更好的体验，并让客户及时提出意见和建议，尤其是让众多"发烧友"一起参与开发，并且在每周五发布新版本，免费供用户使用。小米开发团队根据反馈的意见进行改进，还鼓励用户拆解手机。

2011年8月我国首款双核1.5G的手机——小米手机正式发布，

代号“米格机”，是当时世界上主频最快的智能手机。雷军说：“最要感谢的是用户的批评和建议，因为用户的批评会让我们越改越好。”

雷军曾在《南方周末》上发表过一篇文章，在文章中他说：“小米手机销售的数量远远超出了我们的想象，大概是我们预估量的 3 ～ 5 倍。到今天，小米手机的销量已经不是我最关注的问题，我最关心的还是买了我们产品的人，觉得好不好？值不值？”

正是小米这种全新的商业模式，使得小米手机在面向市场的时候几乎是完美的，因为它结合了众多用户的意见及建议，正是公众的参与开发，小米手机进行了一步步的改进，才使得小米手机能不断完善。

小米模式的成功离不开消费者的参与开发，这就是让消费者参与进来使产品更完善的一个最佳证据，而这种模式更是手机产业互联网未来的发展方向。

不仅如此，小米还开发了 MIUI 系统，这也是小米独有的系统，是基于 Android 系统深度优化、定制、开发的第三方手机操作系统，能够带给用户更为贴心的 Android 智能手机体验。

MIUI 官方微博曾经公布过：“小米云服务（Mi Cloud）也许是最好用的手机云服务产品之一，现在全球激活用户数已突破 2 亿，数据存储总量超过 150PB，存储照片超 600 亿张！小米云服务提供了全面的个人数据云存储，不仅好用还安全，是换新手机的好帮手。”这是继 2015 年小米云服务用户突破 1 亿后创造的又一里程碑。

小米云服务如此大的存储数据，小米公司不仅要保护用户数据，还要保证用户的隐私安全，光是这些都要付出巨大成本。

“小米是一家注重用户体验的移动互联网公司，在这方面的投入是必要的，”小米云平台副总裁崔宝秋说，“我们认为云服务是用户体验的重要部分，小米将来不仅不会减少投入，还会加大投入。同时结合人工智能技术，为小米的用户提供更多贴心的服务。”

在MIUI系统中，不但能存储个人数据，小米云服务还给用户带来了更多贴心功能，如手机备份和恢复、查找手机、面孔相册等。比如手机备份和恢复功能，这时基于小米云服务的数据存储和账号体系，用户从旧手机迁移到新手机时，只需在新的小米手机中登录个人账号，把通讯录、相册、短信等重要信息进行转移，用户根本不用担心手机丢失或者更换手机带来的数据丢失。

雷军曾说：“我们先建起了小米社区，聚集了一批手机发烧友。随后做了MIUI操作系统，MIUI发布之后我们又做了手机，然后做了小米网电商。电商成功后马上以巨大的决心做了云服务和大数据，然后渗透电视和路由器。其实电视也是我们最早准备做的，只是我们对产品要求太严苛，发布晚了几个月。做路由器是想做智能家居的中心，接着做了全网电商、互娱、生态链、小米之家、互联网金融和有品商城(原名叫‘米家有品’)。有品商城是以众筹筛选为主的全网精品电商平台，目前规模已经很大了。”

小米手机做得好，带动了小米网的销售；小米网做起来以后，又销售了更多的手机给用户；在小米手机里预置了小米商城App，再次拉动了销售。爆品推动平台，平台又推动爆品，这是一种良性互动的商业模式的创新。

小米科技 CEO 雷军在中国企业家年会上演讲时，总结小米模式成功的五点原因：①用互联网思维来做硬件；②做高度注重用户体验的产品——互联网手机；③我们做了高性能、高品质的硬件；④就是成本加零售，价钱便宜；⑤做高品质的东西，卖得足够便宜。

雷军说："互联网不仅仅是一种技术手段，更多的是一种方法论，或者是一种思想。如果你按互联网思想去做，其实你可以做任何事情。你不一定要做互联网，但是你一定要有互联网思想。

"第二个就是极致，就是做到能力的极限。比如红米，定价 799，大家觉得我们捣乱。其实这就是我们的成本价，反正初期我也没挣钱，就卖成本价，又怎样呢？

"第三个就是口碑。我们极其在乎用户用完以后的口碑，强调口碑的我们基本不投广告，现在刚刚学习投广告。只有不投广告你才知道产品的口碑好不好，因为有时候产品不好，靠广告来砸，中国很多产品都是这么做的，我觉得这不健康。如果你不投广告，可能更能测试产品的口碑。

"第四个就是反应要快，就是动作要快。所以，这就是我们经常谈的互联网思想的七字经，我觉得大家理解透这七个字，其实做各行各业都非常有收获，你对业务完全不了解，我坚信这七个字肯定能用得上。"

要做好产业互联网，就应该先学习一下小米这种硬件 + 新零售 + 互联网的商业模式，不仅如此，小米不仅做手机，也做相关的科技产品，如小米盒子、小米电视、小米平板、小米路由器、小米移动电源、小米随身 Wi-Fi、米键等。

对于一个产品来说，重要的一步就是市场选择，这对其能否成功上市极其重要，而且还有可能决定新产品全面上市后的命运。小米的全新商业模式，为手机产业互联网未来的发展作出示范，小米也成了手机产业互联网的领头羊。

五、万达电商：房地产产业互联网

万达集团创立于1988年，靠房地产起家，如今形成以文化、商业、网络、金融四大体系为主的产业集团，2017年位列《财富》世界500强企业第380名。截至2017年6月30日，万达总资产8826.4亿元，2017年上半年收入1348.5亿元。

万达网络科技集团是一家以实业+互联网为特色的大型开放型平台公司，拥有大数据、飞凡信息、快钱支付、征信、网络信贷等公司，运用云计算、大数据、人工智能、场景应用等技术为实体产业，实现数字化升级，为消费者提供生活圈的全新化消费服务。

移动互联网的应用，是万达电商模式区别于其他电商模式的重要因素。万达电商模式总的来说就是整合后的平台资源，它不是简单地卖商品，而是整合内部资源，将线上和线下融合起来，实现精准营销，进而提高关联营销。线上和线下的结合使营销的范围更加宽广，简而言之它是卖服务的。万达电商模式将服务体系的效率整合起来，可以更方便地对客户关系进行协调和管理，进一步实现以移动客户端、互联网、服务、内容、线下实体店、客户支持组成的万达商业生态系统，这样为线下的销售模式做了宣传，节省了运营成本，也推广了线上的服务体系。

在万达集团的业务中，为人们所熟知的就是万达广场，里面应有尽有，可以满足人们的一切需求。餐饮方面，有我国的一些特色菜，有川菜、火锅、湘菜等，还有必胜客、星巴克、韩国烤肉、日本寿司等一些高档特色餐厅。服装是人们不可缺少的，这里有优衣库、GXG（时尚男装品牌）、H&M（海恩斯·莫里斯）、ZARA（飒拉）等人们喜欢的品牌，还有三星、万千百货、诺基亚、苹果专卖店等。人们逛累了，这里还有娱乐设施，像一些电影院、游戏中心、KTV 等，可以供人们休闲娱乐，生活休闲两不误。它是一个综合性的商场，让人们可以一站式消费。

万达广场这种实体性的一站式销售体验是线上所不能达到的，而线上电子商务产业就是“零售”与“消费”。“零售”产业就像综合超市沃尔玛、优衣库、综合百货银泰、品牌连锁店 ZARA 等都属于零售流通业。“消费”指的是消费的方式，互联网通过网络技术的支持，改变消费者传统的消费方式，使消费者更加快速便捷地消费。万达电商平台就是将这些资源都结合起来，线上和线下一起操作，通过对一些数据的分析，全面了解消费者的需求，从而改善自己的服务水平，使其更加符合消费者的消费观念，促进其进行消费，从而使商场盈利。

否则就可能因为商场不符合人们的消费观念，导致消费者大量流失，商场也面临严峻的考验。

万达电商平台还将万达的业务进行打包数据分析、商品数据分析，根据分析结果向用户进行推荐，使用户不致在很多的信息中进行筛选，大大节省了其精力，促使用户快速精准地消费。经常上网的用户可以浏览万达电商网站，不仅能购物，还可以互动。

想要将客户留在万达商业圈，就要注重移动客户端使用，它是万达电商平台联系用户的终端纽带，是留住用户的关键。移动客户端有自己独有的优势，那就是用户只要有时间就可以随时随地进行购物，不受地域和时间的限制，非常方便快捷。还可以根据用户处于的不同位置主动进行推荐，为用户提供其需要的周边服务，达到精准营销的目的，受到用户的喜爱和欢迎。用户可以根据自己的需要，在网上消费，在移动客户端进行社交分享，让更多的人了解，吸引消费。例如，在电影院买票的时候人们需要排队，如果在网上购买电子票，这样就可以直接去看电影，省了排队的时间。

客户端可以实现用户和电商平台的紧密连接，这不仅能够降低获取用户的成本，还能有效提高用户黏性，提高重复购买率。用户能通过客户端进行关联，加入自己感兴趣的社区，玩出更多花样。

万达商业生态圈是一个综合的商业体，可以实现人们对于衣食住行、娱乐的一体享受。移动客户端独特的优势，采用线上线下相结合的模式，可以使用户在这个生态圈里完成几乎所有的消费。比如，定期给用户发电影打折券，当用户来消费时，给其发送餐厅的活动信息，促使其去吃饭。用户吃完饭了，再发放免费甜点的使用券，或按消费金额兑换礼品的活动信息，吸引用户去其他的品类看看。到了晚上，还可以发送当天KTV的活动信息。这样就可以最大程度上将用户留在万达广场里，使其消费的机会大大增加。

现在的人们都喜欢一些不一样的东西，换言之就是追求个性。在万达电商平台上，运营者可以和用户及时沟通，解决用户遇到的问题，解决用户的困扰。根据一些用户的要求，运营团队还可以为其制定消费攻略，满足其追求独特的心理。这样既可以引导消费者进行消费，为客户提供最佳的消费方案，还可以引导商场内的客流流向。在商场某区域人员太多时，可以通过客户端进行调节，避免用户因为人流量太大而产生厌烦心理，或者因为某个专柜的人员太多、不愿等待，流失一部分客源，影响万达商场整体的盈利。这时客户端就显得尤为重要，运营团队可以根据商场的实际情况对顾客进行建议，使其避开高峰期，先去其他区域或专柜消费。这样不仅能够为其他专柜带来客流量，使商场不致流失顾客，为商场带来更多利益的可能，也使顾客更加享受购物的过程。

对于其他的电商平台来说，万达电商平台还有一个最大的不同，那就是它在全国各地都拥有一站式的服务——万达商场，可以实现线上和线下的完美融合，线上为线下的实体销售宣传。线下作为线上的体验，让用户更加放心便捷，用户网上下单时，品牌商家便会就近发货，并且万达还鼓励用户自提，这样就为商场带去客流，促进了关联消费。两者相互依托，共同为万达商业作出贡献。

万达丰富的线下资源使其电商平台的开发变得更加复杂，因此万达电商平台目前致力于核心业务的开发和作用，而对于其他像酒店预订、机票预订这样的业务，一般都采取外包的形式，与其他网站进行合作。这样既不会耽误自己的主营业务，也不至于丢失其他的业务。这是一个双赢的局面，既有助于降低开发与运营成本，小步快跑，不断完善，也使万达电商模式稳步发展，提升竞争力。

由此可见，万达电商模式运用移动互联网进行运营，使其区别于其他电商模式，在该领域内具有较大的竞争力，一直向前发展。

六、“三马”模式：保险产业互联网

网络销售保险业务，即“网销”，该模式最早出现于美国，随着互联网的发展，增长迅速。在国内，互联网销售与服务也是大势所趋。据悉我国网络零售交易额超越美国，成为全球最大的网络零售市场，以第三方支付、电子商务为代表的互联网金融引发市场的高度关注。

近年来，我国保险业已展开了一轮“移动互联网式”的销售改变。如平安保险推出的一站式移动展业平台，依靠这一平台，可将保单生效时间从平均 5 天减至 15 分钟。友邦中国也开发了一套基于“保险互联网化”的集销售、服务、客户管理于一体的一站式终端。

由“三马”共同成立的“众安在线财产保险公司”在整个金融业界掀起一阵巨浪。马云，阿里巴巴集团、淘宝网、支付宝创始人；马明哲，中国平安保险（集团）股份有限公司董事长兼 CEO；马化腾，广东深圳腾讯公司董事会主席兼首席执行官。“三马”联手卖保险，并成立新公司，意味着一种保险新模式的诞生，开启一个新的网络金融时代。

互联网金融的快速发展给金融机构和互联网企业带来了开放合作的契机，通过共同组建公司，金融机构和互联网企业可以共享牌照、研究、平台、技术、数据积累方面的优势。“众安在线”的成立集合“三马”就是一个新商业模式的案例。

马化腾在启动仪式现场表示，三家公司都有多年的经验，术业有专攻，通过合作，来发挥自己的长处和合作伙伴的优点。

“三马”的优势是：阿里巴巴是中国最大的电商平台，在这个平台上有大量的企业和个人客户；平安保险擅长保险产品的开发、精算和理赔，是国内保险业强大的新贵；腾讯拥有最广泛的个人用户基础及媒体资源和营销渠道。“三马”的结合实现客户资源、产品开发资源和销售渠道上的优势互补，从而实现商业模式上的突破。

相对于传统保险最大的不同是，“众安在线”并没有传统的线下网点。因为没有线下团队，就意味着销售渠道和理赔要完全在线上完成，同时还需要做好用户体验，这种全新的保险商业模式在保险行业是史无前例的。

“众安在线”将突破国内现有保险营销模式，不设分支机构，完全通过互联网进行销售和理赔。在产品研发上，主要针对与互联网交易直接相关的企业及家庭财产保险、货运保险、责任保险、信用保证保险。不仅如此，“众安在线”的目标客户群是互联网经济的参与方，包括互联网平台、互联网服务提供商、电子商务商家、网络购物消费者、社交网络参与者等公司和个人客户。

“互联网会对整个行业带来颠覆性的影响，这点毋庸置疑，未来传统保险产品中很复杂、难懂的法律条款将会越来越简化。”友邦中国首席执行官蔡强说。

例如，航班延误险这个险种的开发就与可以优化理赔体验有关，众安与同程合作的气象保险中，只要出行当天指定时间内景区下雨，同程旅游将补偿其用户 10 元 / 人，最快在下雨的两小时后自动转入游客账户。与微信合作的航班延误险也是如此，一旦航班发生延误，最快将在参保人下飞机时自动将保费以微信红包的方式转给用户。

“‘众安在线’全线上的交易模式避免了传统保险推销员强行推销和电话骚扰的弊病。互联网保险是一种公开、透明的销售方式，主要靠产品优势去吸引人们主动了解保险。从卖保险转变为让客户自助买保险。”众安相关人介绍说。

“众安在线”针对网络交易安全、网络服务等方面也进行了产品创新，为互联网用户提供解决方案，在经营模式及业务流程上有着深层次的创新，具有尊重客户体验、强调交互式营销、主张平台开放等特点。

“三马”保险的经营模式不是单纯地通过网络卖保险，而是从互联网经济参与方的需求出发，为网上的经营者、参与者和用户提供一系列的整体解决方案，化解和管理互联网经济的各种风险。

随着我国网络消费的成熟，网络销售已经日益成为保险业重要的营销渠道和新的业务增长点。从未来保险行业的发展来看，电子商务将成为保险业最重要的营销渠道之一。第三方网络平台具备极大的包容性和开放性，能够涵盖全行业的产品，这是传统保险公司网站所不具备的资源优势。

无论是从形式上还是从产品的设计上，以及销售渠道上，由“三马”成立的“众安在线”都颠覆了传统的卖保险模式，从虚拟财产领域入驻保险市场，在传统保险的空白处立住脚跟，实现了对客户这类需求的覆盖。“三马”的融合意味着互联网与金融业真正融合，对于整个金融业来说，这个全新保险商业模式，起到很好的典范作用。

七、淘宝：零售产业互联网

有人说，中国15年来最伟大的商业模式就是淘宝模式，淘宝是对中国传统零售业的一次革命性的颠覆，其创立短短几年，已在C2C领域占据龙头地位。截至2013年底，淘宝交易额已突破万亿。2016年“双十一”购物狂欢节开场52秒，淘宝交易额就突破10亿。淘宝网已经成为占据中国电子商务大半壁江山的服务型电子商务网站。毫无疑问，淘宝是21世纪电子商务的领军者。

随着互联网迅速进入人们的视线中，其衍生的零售产业互联网商业模式也应运而生，并极大地影响着人们生活的方方面面。在竞争越来越激烈的商业模式下，由于传统的零售模式受到时间、地域的限制，已经不能更好地满足人们日常生活的需要，人们需要更加高品质、高效率、简单而又自由的日常购物方式，而互联网零售业也就在这种新形势的刺激下迅速发展起来，并有很大的发展空间。各个零售行业的领导者都看到了互联网产业的发展前景，于是纷纷转战发展网络零售和营销，也就促使零售企业之间开启了激烈的竞争。

淘宝网是由著名B2B电子商务平台阿里巴巴投资创立的。最初，淘宝也和其他网上商城一样只是随市场的形式发展，没有自己独特的形式，但是随着竞争越来越激烈，很多网上商城如卓越亚马逊、京东、淘宝、eBay等纷纷开始使用营销手段，提升自己的竞争力，此时，如何满足市场需求和如何配置资源等核心计划成了重要的问题。淘宝在2004年有了很大进展，但是仍然处于竞争的旋涡中。又经过一年的角逐，横空出世的淘宝与当时的零售业巨头eBay开始抢夺C2C市场，淘宝显示了其在创新上的勇气，收购口碑网，推出分类信息，大力拓展品牌商城，将团购做成一个频道，将交易的视野扩向全球，推出“全球购”频道……不断的尝试使淘宝在行业中顺利前行，维护着自己的领先地位。最终，淘宝因零售营销战略做得好，其特有的创新精神，也符合网络经济下垄断与竞争的因素，于是一路过五关斩六将，不断超越，在新型互联网产业模式中占据了领军的地位。

淘宝在C2C领域的领先地位是毋庸置疑的，随之而来的是很大的压力。领先就意味着前路是没有走过的，毫无借鉴的可能，只能一步步地摸索前进，成功了就光芒万丈，海阔天空，相反就是一无所获。现在淘宝依然坚持前行，成为亚洲最大的网络零售商圈。

在零售业面临巨大竞争压力下，淘宝对于产业发展方向的把控非常到位，这是其能够成为中国网络销售领头羊的基础。各个产业都开始向数字化方向转变，淘宝也不例外。数字产品能够最大限度地利用计算机网络技术，实现人类跨越时空的信息交流与传递，它的时效性和效率更加快速便捷。eBay 和淘宝在这方面有所不同，eBay 为了能够将费用牢牢掌控在自己手中，所以规定消费者只能在购买商品之后，才能和商家进行联系沟通，而且不支持私下询问交流；淘宝则是专门建立了一个类似 QQ 的交流平台——阿里旺旺，用于消费者和商家无障碍沟通，将各自想要了解的问题都询问清楚，直接解决顾客的需求，提高了消费者购买的效率，不仅为商家节约了成本，带来了经济利益，也使消费者的工作和生活更加方便。

使用数字化产品，安全性也是很多消费者非常关心的问题。淘宝的数字化产品相对于普通产品来说安全性更高。数字产品在信息数据内涵上依赖于数据，它是利用计算机网络技术并采用普遍适用的、标准化的信息编码技术进行的。淘宝还与公安部下属全国公民身份证号码查询中心合作，用户一律都要进行实名认证，这使用户在网络交易时环境更加安全。在支付的时候，也需要身份验证的专门平台，为安全防护又加了一层保障。这种安全性被淘宝充分利用起来，使消费者更加放心地运用这种方式进行交易。

淘宝开放了信用评价系统，支持公开透明的信息源，任何人都可以看到。数字产品具有“信息共享”的特质，对于每一个消费者来说，大家都可以使用这些信息，且使用时消费者之间是不会有损害性的。淘宝利用这一特性，建立了公开的资源共享，使消费者在消费的过程中有了参考，能够更加愉快地达成销售，淘宝还会根据消费者和商家的评价，来统计其信用度，这对于消费者来说可以更加准确快速地选到自己合适的产品，而对于商家来说能够促使其发现销售过程中消费者的想法，及时调整自己的方式方法，进而达到很好的销售业绩。这种方式使淘宝区别于其他的网站，备受商家、消费者喜爱，增强了竞争力，提升了知名度。

根据数字化产品的个性特征，淘宝通过自己的沟通交流平台——阿里旺旺，使商家可以根据消费者的不同需求为其定制个性化的产品。每种产品对应不同的消费群体，消费者能得到想要的产品，满足自己的需求。正因为此，淘宝才能一直屹立于中国网络零售领头者的地位，这是它战胜竞争者的法宝。

淘宝在零售产业互联网的商业模式下，不断学习与创新，充分利用这种商业模式的优势，不断开发，使自己一直具有很强的竞争力，吸引消费者的眼球，使消费者对淘宝保持新鲜感，不会在竞争中被淹没。

对于其他网站来说，淘宝在产业模式上学习其长处，对其短处进行规避，在网络零售业在中国迅速发展的时候抓住这个机遇，不但发展了 C2C 市场，也完善了 B2C 的市场。经过不断发展，现在淘宝已经不仅仅是一个公司，它已经形成了三个相互之间独立的公司，并且各自都有其运营模式。对于淘宝来说，在未来的互联网产业发展上，淘宝一定会保持其势头并越来越好。

八、江小白：酒业产业互联网

“80后”的朋友们应该听说过一款叫江小白的酒，“我是江小白，生活很简单”就是风靡“80后”酒友圈的广告词。

这个江小白酿酒公司成立于2011年，创始人叫陶石泉。江小白的产品首次登台亮相的时间，是2012年的3月。

令人想不到的是，它一经面世，就受到了年轻顾客群体的青睐，一夜之间红遍大江南北，不仅获得了“2012年中国酒业风云榜年度新品”的称号，还被各地的白酒企业争相模仿。江小白这款酒就像它的广告词一样，无须浓墨重彩的粉饰，无须光鲜华丽的包装，只是简简单单地做自己——“我是江小白，生活很简单”，是一种洗尽铅华后纯粹自然的生活理念。

如果有人问，在互联网圈内把传统产品做得最好的企业是谁？江小白一定是出现频率最多的一个答案。

那么问题来了：一个不过刚刚出现的新兴酿酒企业，它的商业模式、营销手段究竟有什么过人之处，这“初生牛犊”何以在众多的白酒企业中脱颖而出、拔得头筹？

江小白酒业获得成功的原因是方方面面的，关键在于商业模式的转换。江小白对传统的白酒产业的销售模式进行改进，将传统产业与现代的互联网相结合，顺应社会的发展潮流。通过不断地创新、精简，充分利用互联网这一平台对传统产业进行创新，打造自己的品牌。

中国的白酒产业历史悠久，是中国最具代表性的传统产业，但正是由于走得太久使得有些企业变得舍本逐末，开始一门心思地在产品的包装上瞎琢磨，怎么高端大气上档次就怎么来，怎么奢侈怎么来，最终搞得装酒的容器比酒的成本还要高。过度的奢侈就是浪费，在酒业界包装之风盛行之时，江小白的出现自然就成了一股清流，江小白只做简简单单的酒，干净透彻，没有过度的包装。既省了成本，也不浪费资源。虽然不过度包装，江小白也有自己的时尚，它的客户是不断成长的“80 后”年轻群体。

既然客户都属于“80 后”的年轻的消费者，江小白就必须迎合消费者的形象与时尚品位，于是玻璃酒瓶上就出现了一个长着大众脸、戴着眼镜、围着围巾、有点儿文艺范儿的男青年，用这么个具体的人来代表这群“80 后”的形象状态。

要符合年轻人的时尚，互联网就是一个很好的平台，年轻人爱上网这是谁都知道的，就在 2011 年，陶石泉也开始迷恋上微博这个社交媒体。在玩微博的过程中，他有感而发，在传统商业模式的概念里，一个品牌的创建，几乎都是拿钱砸出来的。要是没有一两个亿，品牌宣传就是个梦！现代网络不仅发达，而且日新月异，在信息化的时代，品牌的传统营销模式正在土崩瓦解，现代产品的营销，又是一种新的玩法。陶石泉想到，不如利用社交媒体微博和 O2O 电子商务模式与传统产业相结合，利用网络进行宣传和销售，那么以低成本创建一个新品牌产品也不是不可能的。这就是陶石泉发现的：社交媒体和电子商务的方式对传统酒业的销售具有颠覆意义。这一发现坚定了他做江小白的决心。

江小白与互联网相结合，充分发挥网络的优势，用全新的商业模式和新的经营理念，让消费者买到物美价廉的产品，也成就了简单纯粹的江小白。下面从传播效率、产品效率和渠道效率三个方面，介绍江小白酒业产业互联网的优势。

1. 传播效率

陶石泉曾对中国传统的酒类企业广告费用作过一个市场调查，得出的结论是无论哪种酒类，企业的广告费用一直是一项很大的支出成本，达到总成本的 20%—30%。陶石泉没有采用传统的广告宣传这一方式，他借助网络的力量来给江小白做广告。他创建了微博官方账号，只用 5% 的费用来作市场宣传。他更注重挖掘江小白的内在文化价值，在各种社交、媒体活动中，努力将产品的个性和丰富的内涵展现给众人，每一瓶产品的外包装上印有经典语录，比如：

“价格不坑爹，品质不打折，我是江小白，小酒中的战斗机，欧嗍！”

“我把所有人都喝趴下，就是为了和你说句悄悄话。”

“当你的嘴巴、舌头和我接触后，你的心跳会加快，你的情绪会高涨，你话多声音大，你更喜欢表态，信不信由你，反正我信了！”

“容颜易老，青春会跑，一瓶江小白就倒，还叹红颜知己太少。”

“有时候，一群人的狂欢其实是每个人的孤单。心情不好的时候，谁愿意陪我们喝上一杯？”

就这样，通过这种小资情调的广告词，江小白吸引了一大批拥有文艺范儿的人群，使得江小白迅速通过社交媒体获得大量都市青年的认同，可谓传播效率极高。其实，作为初出茅庐的新手，江小白要与传统的酿酒企业进行竞争简直是天方夜谭。在江小白面前挡着的，是两座大山。首先，像白酒这样的传统行业，市场已经饱和，且不说他们竞争有多激烈，单是进入的门槛就高得吓人。按照传统的运作模式，想要推广一个新的产品，少说得一两个亿；其次，如果你想打响产品的知名度，运用传统的传播媒介进行推广，中间所需的费用也是非常高的。陶石泉却打破了这种桎梏，另辟蹊径，充分利用微博这种社交手段，完全颠覆了以往的沟通方式和营销模式，使江小白可以与客户进行交流互动，将交流的成本降为最低。陶石泉利用新的网络社交手段，做到了低成本，高利润。好创意，往往带来意外的惊喜。

2. 渠道效率

进店费、条码费等一系列的费用是传统渠道销售必不可少的开支，这项开支往往需要几百甚至几千万的费用，不然就连进入到这些地方的机会都没有。而电子商务的应用让今天的产业模式在悄然发生变化。虽然江小白不是纯粹在网络上售卖，但是陶石泉对于它的理解和别人不一样，电子商务不单单是在网上卖一个东西，其实让别人在网上找过来然后到超市里买，也就是现在很火的 O2O 形式，也是电子商务的一种。

“只有做好线下的内容，才能和线上的东西打通。”陶石泉说。

随着社交媒体和电子商务的发展，江小白的营销模式便随着渠道的变化开始发生变化，因为电子商务的方式是生产厂家与消费者的直接交易，这当中就省掉了部分的中间环节，生产商在网上就可以直接向客户卖产品。除此之外，江小白也通过社交媒体这种传播途径，有了良好的宣传机会，陶石泉也就凭借这些向大家展示了自己颇具个性风格的产品，并得到了大家的喜爱。

3. 产品效率

一个品牌的经营，一般情况下都种类繁多，而且生产线很长，从成长到销售是一个极其复杂的过程，陶石泉创立的江小白产品却只有一个，它的生产线单一，规格大小只有三种，分三种不同的容量瓶来装，江小白属于集约型生产，所以效率高。

综上所述，可以看出，由于陶石泉的积极创新，及时进行模式转换，将传统产业与互联网技术结合，虽然江小白只是新兴的小企业，但是它的单品，利润不输给那些大的白酒企业，甚至比一些大品牌的单品卖得还好。

九、凡客诚品：服装产业互联网

凡客诚品也被称为“VANCL”，经常网购的朋友，对这个名字都不会陌生。它的全称是凡客诚品（北京）科技有限公司。2007 年 10 月 18 日曾经是卓越网的创始人——陈年先生创建了这家品牌服装电子商务公司，自此这个新兴的企业，在错综复杂、暗潮汹涌的市场竞争中激流勇进，发展迅速。2008 年 10 月，凡客诚品就有差不多 200 万注册用户，每天收到五六千个订单，销售上万件衣服。这一年年底，媒体报道凡客诚品年度销售业绩达 5 亿人民币；公司的产品也由单一的男士衬衫、POLO 衫两大类，增加到现在的男装、女装、童装、鞋、家居、配饰、化妆品等七大类。

凡客诚品一步一步成为中国著名品牌，在中国服装电子商务领域的影响力与日俱增。2009 年 12 月，凡客诚品荣获德勤亚太区高科技高成长企业 500 强第一名；艾瑞咨询《2009—2010 年中国服装网络购物研究报告》显示，VANCL在自主销售式服装B2C网站中排名第一。如今各大网站上都能看到凡客诚品的影子，如新浪、搜狐、腾讯等，是中国网民购买服饰的不二选择。难怪它可以获得联创策源、IDGVC（技术创业投资基金）、软银赛富、启明创投、老虎基金、淡马锡等企业的多次投资。

但是，谁能想到，凡客诚品一无厂房，二无设备，三无门店，只有市场部、设计部、呼叫中心及仓库。就是这样的一家公司，在互联网时代迅速崛起，短短四年就能有如此迅猛的发展，陈年究竟是怎么做到的呢？它背后的秘密就是轻资产的商业模式。

世上没有一成不变的东西，经商也不例外，只有顺应时代发展的潮流，才能成为最终的赢家。

1. 通过PPG（批批吉服装网络直销公司）网站营销

陈年在经营凡客诚品的同时，也在不断地学习积累，思考创新。在经营摸索的过程中，处处留心。在2007年的一天，陈年在上网的时候看到了一个由吴彦祖代言的PPG的网站。PPG既不需要门店，也不需要经销商，只通过网络来销售中等价位的男士衬衫。陈年因此受到启发，作出了一个新的尝试，它将互联网应用与中国传统的服装产业结合，打造一家B2C网上销售男士衬衫的品牌服装电子商务公司。

做了没多久，陈年就发现了PPG有几点缺陷：第一，它一建立就花费大量金钱在电视台和平面媒体上打广告，有点不切实际，电话销售也不是真正意义上的互联网服装销售企业的做法；第二，PPG的客服政策完全是站在企业利益角度设置的，比如，用户在退货时，标签有损坏就不给退等。针对这些短板，陈年开始大刀阔斧地进行变革。

陈年作为 PPC 的追随者，采用了相同的方式，但没有生搬硬套，而是把握机会，不断创新，顺利建立 B2C 电子商务平台，完成了凡客诚品的商业转换。

凡客诚品利用网络的展示、接触和直接销售能力，实现了超过 PPG 的销售额。陈年说："发展到目前的规模，凡客诚品在广告方面的投入不及 PPG 的十分之一，互联网推广以最佳的性价比让凡客诚品取胜，PPG 有 95% 的销售来自平面广告，这些平面媒体的店租太贵，而 VANCL 是一家 24 小时不打烊的商店，店租很便宜。"

2. CPS 营销模式

陈年说，凡客诚品注重互联网上的推广，在网络投放的广告占所有广告投放的 60% 以上。

CPS 指的是按销售提成广告费用。凡客诚品在多家网络广告联盟上投放 CPS 广告，许多个人站长在网站上投放凡客诚品的广告，根据销售额进行提成费用，这个形式也是属于 CPS。

在媒体选择上不仅注重带来的流量，更要注重广告与销售的投入产出比。凡客诚品发展出一套 ROI（投资回报率）考核标准，对门户、社区、CPS 等优胜劣汰，量身定制出一套营销策略，保证了凡客诚品平稳快速成长。

3. 不断提升用户体验

4 年间，凡客诚品始终用心关注用户的需求，不断以微创新方式提升客户体验：无理由退换货——客户在凡客诚品购物，如果不满意，可以 30 天无理由退换货；开箱试穿——用户收到衣服时，可以当面拆开试穿，觉得满意了再付款收货。此外，还推出微信、Pos 机刷卡等服务，极大提升了用户体验与品牌美誉度，积累了大量的忠实用户和良好的口碑效应。陈年说："什么都可以被模仿，只有品牌不能。在挤掉各个环节的成本后，我们始终坚持的就是低价位高品质产品。"因此得到了社会各界的广泛肯定与赞誉。

凡客诚品根据客户的需要和市场的需求，不断创新，追求时尚，保证质量，所有服装均由著名设计师精心设计，吸取品牌服装经典款式的精华，精选高级面料制作，让用户以中等价位享受高品位服饰。

4. 联盟网站

将现代电子商务模式与传统零售业进行创新性融合，开发未来或潜在的市场，而整个交易的过程很简明，就是客户通过网络平台下订单，然后卖家通过物流公司把产品送到客户手中，最后卖家收取货款，这样就完成了。

在网上下订单，那就必须进入网站。不管你是浏览某个门户网站，还是进入某个小网站，或者是看某人的博客，你都会看到"凡客诚品"这几个字，轻轻点击鼠标，就进入了凡客诚品官网。你的轻轻一击，已经为你此前登录的网站贡献了一份点击量。该网站据此可以向凡客诚品领取一定的合作分成，这就是凡客诚品的联盟网站。如果消费者从凡客诚品的联盟网站进入凡客诚品官方网站并且完成购买，凡客诚品就会将 18% 的利润分给联盟网站。每个网站都可以申请成为凡客诚品的联盟网站，由于凡客诚品提供了非常好的分成政策，现已有 4000 个网站加入联盟，这就使得凡客诚品可以渗透到网络的各个角落。2009 年 6 月，凡客诚品的女装 Bra-T 吊带衫推出后，凡客诚品的点击率和流量大增。

5. 直销模式

当凡客诚品看到客户的订单后，就会通知物流让商品出库，给客户发货，凡客诚品的销售模式，直接摒弃了中间环节，将当代的互联网技术运用到传统服装的零售销售中，实现了传统的渠道分销模式向更优化的直销模式的商业转换。直销模式有两种，有种叫“戴尔”的直销模式，“戴尔”基本不储存产品，零库存，接到订单就生产，这样造成交易的周期就比较长，资金的回笼也滞后；凡客诚品的直销模式则需要有七天的库存，占压一定的资金。而且，凡客诚品的轻资产模式只专注于两点，第一是销售产品品质的监控，第二是品牌建设，没有庞大、笨重的制造业务。网络销售给凡客诚品公司及整个行业带来发展。

凡客诚品官方网站立志于产品销售，没有收入方式的搭建，网页内容都是销售本公司产品的。这也是凡客诚品深受广大消费者喜爱的原因之一吧。

6. 注重细节

有心人总会得到上天的眷顾，陈年用 4 年创造了自己的品牌。从市场需求的研究、产品概念的提出、产品的定位、产品的设计研制、命名、包装到促销策略、广告宣传，无论是哪一个环节，凡客诚品都精心运作、精心打造、反复锤炼，才形成有内涵、有价值的品牌。

细节决定成败，凡客诚品就在细节上下足了功夫。细节更能培养目标顾客群的品牌忠诚度、信任度、美誉度，如果在细节上失误，更容易使目标顾客群对品牌失去信心，从而对品牌产生更大的伤害。正因为凡客诚品在细节上下功夫，保证质量，才能使凡客诚品由名牌变成品牌。

陈年追随时代的脚步，将网络技术与传统产业相结合，注重顾客的体验感，及时更新换代。这种务实求真的精神使凡客诚品不断地进步，一步步走进消费者的心中，成为一个家喻户晓的大众品牌。

十、中石油：中国石油化工移动互联网平台

李彦宏说过："传统产业要拥抱互联网！"这句话一针见血地指出了传统行业与互联网结合的必要性和紧迫性。中国石油 App 负责人杨四明认为，"接轨移动互联网，开辟营销新路，已经成为当下众多行业寻求新发展的金钥匙。"

一直以来，石油化工都是关乎国计民生的重要行业，是促进我国经济发展的重要经济支柱，其地位不言而喻，那么，在互联网浪潮的冲击下，石油化工行业的处境如何呢?

随着互联网的发展，我国石油化工行业也加入了互联网的滚滚潮流，其营销模式实现了从线下到线上的转变，中国石油化工创建移动互联网平台，既可以使其作为业内信息，方便业内业务的交流沟通，同时这种电商还是对传统销售模式的补充，有助于打开市场销售的新天地。

长期以来，中国石油化工所采取的都是传统的线下营销模式，这种模式会造成人力和物力很大的浪费，而利用行业的3G移动平台，就使得这些成本大大降低，而且还极大地提高了工作效率，同时，还使企业和客户之间联系更加紧密，所以互联网的应用使中国石油化工焕发了新的活力。

面对激烈的市场竞争和有限的要素资源，在3G市场日趋完善的大背景下，中国石油化工顺应时代潮流，利用移动互联网手机终端等平台营销、服务，于2013年6月建立了中石油交易中心的3G平台——中国石油化工移动互联网平台。

2015年，“中国国际石化大会商业模式创新论坛”在上海举行，在场的大多数人普遍认为，石油化工行业借助互联网等信息技术，可以打造一个全新的商业模式，为行业的结构转型升级以及市场环境改善提供推动力。

1. 创新销售模式

在当今市场竞争的大环境下，对销售模式进行创新是企业保持不断进步发展的必然趋势。通过3G平台，企业可以实现更广阔领域的推广，可以改变原有的营销模式，实现企业整体的发展。

中国石化联合会副会长李润生指出，经济新常态下，石油和化工行业在产业布局结构上也有一些变革和调整，相应地，行业的商业模式也在发生着变化。一是企业从生产型向服务型转变。过去单纯为客户提供产品的方式，已经不能再适应当下市场的需求，从卖产品向卖服务方向转变、深入挖掘增值服务应成为石油化工行业新的发展方向，也是其新的营销方向。石油产业借助移动互联网平台，不仅仅是服务渠道的拓宽，同时也是服务经营产品的不断整合和升级。二是“互联网+化工”这种模式逐步深入。大数据、物联网、云计算等新一代信息技术浪潮的兴起，促使石油化工行业与信息技术不断融合，也颠覆了传统的生产经营模式。数字车间、智能工厂建设将企业生产经营的全过程实现模块化、数字化、自动化，特别是电商的出现大大改变了传统的销售模式，缩小了市场半径，拉近了企业与用户的距离，现在很多企业都在探讨销售模式的转变。

通过商业模式创新，三聚环保新材料股份公司改变传统的销售产品的营销模式，转变成为一家完整的技术解决方案供应商，目前已经初步成为世界领先的油气脱硫技术一站式解决方案的提供商。

2. 促进行业良性发展

石油化工行业信息透明度的提高，有助于促进行业的良性规范发展，同时也会促进石油化工行业在采购、销售、定价等多个环节的变革与创新。对于整个石油化工市场来说，这种创新与变革是积极的，同时也是必要的。

3. 提供行业研究和学习的平台

中国石油化工移动互联网平台作为一个信息平台，是中国专业的关于石油化工行业的研究、推广、会员促进的门户网站，它的宗旨在于为行业生产、营销和投资决策者们提供全方位的资讯和商贸专业服务，是从事该行业的经营、学习者进行行业研究和学习的良好平台。

面对3G广阔的市场，中国石油化工移动互联网平台具有行业最新的行业资讯、产品展示、供求信息，发布的信息量最大、最具权威性，给业界提供给了一个了解行业的最佳桥梁和窗口。它也是各地大网站首选的中国石油化工平台链接网站，它可以使得大量的信息通过各地的网站搜索引擎发布到互联网的每个角落。因此，中国石油化工移动互联网平台能帮助全国商家开拓中国石油化工市场，为企业创造更多的发展机遇。

4. 整合全国石油网络资源

中国石油App资讯丰富、全面、准确，且具有前瞻性，它包含了全国丰富的网络内容资源，包括石油知识、石油新闻、企业名录、石油供求、市场行情、展会信息等栏目和内容。在这一平台上，生产商、供应商、经销商、合作伙伴及广大消费者所需的资讯都可以在上面方便、快捷地找到。同时，还可以宣传企业品牌，让“中石油”与全国所有的同行联合在一起，为企业创造更多的发展机遇，促进石油行业持续、健康、快速发展。

5. 油品销售成为可能

2016 年 9 月，中国石化与顺丰速运签订业务合作框架协议，双方将主要在 O2O 业务、油品销售、物流配送、交叉营销等方面展开业务合作。中国石化覆盖全国的加油站便利店网络和顺丰速运的物流网络相互连接，大大增加了双方网络的覆盖面积，形成了“1+1>2”的集群优势。

由此可见，在互联网支付功能及加油站自助加油技术已经非常成熟的现实基础上，油品销售成为 O2O 业务的一个组成部分，或许仅是时间问题。对此，业内专家丁国祥表示：“互联网优势基因的能源互联网消除了认知距离带来的交易壁垒，进一步降低了能源信息数据化的成本。在这一技术影响下，我国石油石化行业定会迎来新的发展契机。互联网 + 能源的融合将会生变出新的超越。”

6. 利用金融工具，为实体经济服务

越来越多的企业充分利用股票、债权、融资、租赁等多种金融工具，为企业获得了充足低廉的资金，期货市场等金融工具也越来越广泛地融入企业的经营活动中，为实体经济的发展服务。国内期货交易市场先后推出了 PTA（精对苯二甲酸）、甲醇、燃料油等多个期货品种，而且交易十分活跃。如何进一步充分利用好金融工具为实体产业服务，成为摆在行业面前的重要课题。

7. 利用移动互联网提升用户体验

一场革命能够带来极大的变革，机遇和风险并存，这不仅是目前竞争激烈的市场中的方向和机会，更是石油行业继续发展的动力。石油企业越早掌握移动互联网营销的方式，提升用户体验，在未来的行业竞争中越能把握先机。移动互联网营销与传统电子商务融合，在移动互联网营销方式上不断创新，将是传统石油产业的新蓝海。

8. 实现资源、市场和国际化战略

推进企业信息化、走新型工业化道路，把信息化纳入建设综合性国际能源公司目标体系之中，是实施“资源、市场和国际化”战略的重要保证措施之一。

2015 年，李克强总理在政府工作报告中提出：“制定‘互联网 +’行动计划，推动移动互联网、云计算、大数据、物联网等与现代制造业结合，促进电子商务、工业互联网和互联网金融健康发展，引导互联网企业拓展国际市场。”李总理的这段话，为能源企业清洁发展打开一个全新的窗口。

9. 更便捷的人力资源管理系统

中国石油化工移动互联网平台是被国资委评为中央企业网站绩效第一名的网站，拥有全球规模最大的人力资源管理系统，是全球功能最全、用户最多的健康安全环保系统。其平台每年收发文件约 330 万份，

办理合同 20 万份，处理报销单据 175 万张。其电子邮件系统每年收发量就达 7000 万封之多，信息门户加载文档达 230 万份，已经成为各单位和广大员工的日常工作平台。

对于未来，石油石化行业更应积极创新，利用大数据、云计算等新型互联网技术，将油企原有的资源利用起来，使传统石油产业走出一条科技含量高、经济效益好、资源消耗低的新路径，为石油产业发展开辟新方向。

十一、特斯拉："互联网汽车"带来汽车产业革命

特斯拉汽车公司（Tesla Motors）2003年成立于美国硅谷，创始人为马丁·艾伯哈德（Martin Eberhard）及长期商业伙伴马克·塔彭宁（Marc Tarpenning），是一家生产和销售电动汽车以及零部件的公司。2004年，斯坦福大学硕士辍学生埃隆·马斯克（Elon Musk）入股特斯拉并成为CEO，从此开始了颇为传奇的发展历程。

汽车产业原本跟互联网之间没有任何关系，但是随着互联网的快速发展，汽车领域的发展渐渐发生改变，互联网和传统行业的结合越来越受关注，给传统的汽车行业带来了革命性影响。

特斯拉从2003年就开始生产汽车，直到2008年才推出第一款车，差不多花了5年时间。所有的传统汽车厂商都没有这样做一款汽车，特斯拉尝试了，成功颠覆了汽车行业的传统，造出一辆市场认可度极

高的互联网纯电动车。这是一款以互联网思维打造出来的集简约、节能、环保、互联网相结合的一款汽车。它不但将现代先进的移动互联网技术应用在里面，而且从生产到销售都与互联网有关。因此，当特斯拉在中国推出第一款车后，就受到众多中国汽车发烧友的追捧。

“互联网汽车”是指通过智能电脑控制取代人工控制，采用互联网作为载体提供无线通信支持，从使互联网汽车像智能手机一样成为一种终端，在实现“人—车—路—环境”和谐统一的基础上，将汽车变为移动终端。

互联网思维是开放与包容，而非一人一个系统，互联网汽车一方面硬件层面数据实现开放，另一方面是在开放权限上驾驶者的 App 拥有优先级，直观赋予驾驶者汽车内部数据显示、保养维修提醒、故障码解读、辅助驾驶等信息。

以特斯拉的 Model S 为例，车内改变了传统汽车的仪表设置，取而代之是 17 寸的大屏和谷歌提供的安卓系统，车辆的主要功能都有由外置屏幕实现控制，并且操作系统易于进行个性化定制和升级。此外特斯拉还与 AT&T 合作把 3G 或 HSPA+（AT&T 称为 4G）连接到特斯拉上，从而使新能源汽车能够分享性能数据，获得更好的远程诊断和维护服务，驾驶者也能浏览网络、看视频、获取实时交通信息。新能源汽车实现汽车和移动互联网的融合，成为新能源汽车重要的发展方向。

特拉斯不再是简单的交通工具，看起来更像是一个移动的生活和信息平台。互联网企业可以凭借互联网大数据、云计算的技术优势，瞄准传统汽车产业的痛点，迅速构筑新的业态和新的市场，使基于汽车的信息服务和后市场服务更加多样化，包括导航和位置服务、信息娱乐服务、通信服务、紧急救援、安保服务、维护服务、汽车保险等。一旦实现车车联网、车路联网，汽车交通和通信体系都会发生重大变革，改变人们的驾驶体验，提高社会资源的利用效率，创造新的需求。

特斯拉是一个非常重要的信号，汽车与互联网连接，产品本身发生质变，汽车产业有一个大的洗盘。

特斯拉在汽车销售方面业实行了“线下门店订购＋官网预订”模式，没有传统的汽车经销商，没有实体的4S店面，而是完全模仿Apple（美国苹果公司）的体验店模式，这是一个全新的汽车销售模式，大胆进行了创新模式。

相比传统的汽车制造商，特拉斯走了一条任何汽车厂商没有走过的路。

特斯拉成功地采纳了互联网思维，这是一种互联网思维的模式创新，特斯拉进入中国特斯拉在中国的“成名之路”，也是充分利用互联网和IT名人去“造势”。从2011年开始，北京中关村的IT精英们就开始在微博等社交媒体上热论特斯拉。随后，雷军、马化腾、杨元庆等IT大佬开始在公开场合大谈特斯拉及其代表的互联网对传统汽车产业的颠覆效应。

小米CEO雷军称得上特斯拉的头号粉丝，他在2013年7月、10月两度造访特斯拉，并根据与马斯克的对话、试驾体验写成长文，在网络上发表，特别赞赏特斯拉产品中浓厚的互联网基因和马斯克本人的创新精神。

“我们更希望自己是一家科技公司。”特斯拉中国区总经理郑顺景自豪地表示。

其实，特斯拉本质是利用互联网思维的去中介化和体验策略，它非常清楚当用户和企业之间的沟通如果更直接、快捷时，其营销力度及营销方式必然发生改变。

特斯拉用网络流行的 App 与用户快速连接，对特斯拉感兴趣的用户能通过 App 及时体验。App 相当于一个微型体验店、一个完美的业务员，每个人都能轻松全面地了解特斯拉，通过 App 预约试驾，体验简单、方便。这就大大提高了用户获取服务的效率，缩短了与消费者之间的距离。

特斯拉正在用硅谷模式颠覆传统产业，推动特斯拉在销量和体验的全面提升。目前，特斯拉的市值已超过 300 多亿美元，2014 年，特斯拉全球共销售新车 2.23 万辆，比之前机构预测的 2 万辆高出不少，在北美市场与 VOLT（雪佛兰电动概念车）、聆风位列电动车销量前三甲。

对于汽车企业来说，汽车互联网化的工作一直在进行。例如，谷歌公司率先研发无人驾驶汽车。2013 年，Google Fleet 在自主状态下安全地从全美曲折程度第一的道路——旧金山伦巴多大道上驶过。而且，包括代号“Google Fleet 1”在内的 7 辆试验车，累计已经完成了 1000 公里的完全自主行驶，以及 1.4 万公里人工监督下行驶。

2012 年，军事交通学院研制的无人驾驶智能汽车完成了京津高速公路测试项目，代表着我国无人驾驶技术取得不小的发展。无人驾驶汽车从北京台湖收费站行驶到天津东丽收费站，完全由计算机智能操作驾驶，最高时速达105公里，历时85分钟，其中超车共33次。

2013年7月15日，在庆祝中国汽车产业60华诞的中国品牌汽车发展调研会上，工信部部长苗圩指出："要高度关注互联网对于汽车行业带来的革命，互联网技术发展还没到头，而且中国互联网公司在国际竞争中不输给别人。"

随着互联网和传统汽车企业的跨界融合，整个汽车产业链的价值也面临重新分配。互联网和汽车的融合促进"互联网汽车"的诞生，从而带来汽车产业的革命。

十二、苏宁/海尔：电器产业互联网

1. 苏宁：从传统电器零售企业转型为互联网的零售企业

1990年，苏宁电器在江苏南京创立，最初以经营空调的零售和批发为主，成为国内电器行业的老大。截至2012年，苏宁电器连锁网络覆盖中国30个省，300多个城市，拥有1700多家连锁店，80多个物流配送中心、员工18万人，年营业额2300亿元。2013年，苏宁以130亿元品牌价值位列胡润民营品牌榜第九，是中国最大的商业连锁企业，名列中国上规模民企前三，为《福布斯》亚洲企业50强。

2012年苏宁推出全新的主力型门店——Expo超级店，在门头上去掉“电器”二字，标志着苏宁线下实体门店“去电器化”经营步伐的加速。现在提起苏宁，人们首先想到的是苏宁易购，苏宁已经实现了电商化，变成了互联网的零售企业。

2013年2月，苏宁宣布将公司名称变更为“苏宁云商集团股份有限公司”，提出“店商＋电商＋零售服务商”的全新零售商业模式。此次更名，可看作苏宁为“去电器化”科技转型战略所迈出的一大步。在整个苏宁集团的发展规划中，苏宁易购占有重要地位。2013年初，苏宁集团重大组织结构调整，苏宁电器正式更名为“苏宁云商”。“苏宁易购”作为电商平台，被提升至与传统平台（既连锁经营）同样重要的位置上来。这表明了苏宁集团对电商业务的重视及其电商化的决心。

苏宁集团计划将苏宁易购打造成中国最大的家电类B2C网站，占据家电网络购物20%的市场份额。苏宁易购在过去3年中的发展引人注目，根据苏宁财报公布的数字，从2011年销售额40亿，到2012年182亿（含其收购的“红孩子”品牌），到2013年上半年的10613亿元，同比增长了101%。

苏宁云商集团股份有限公司董事长张近东强调，对于传统企业来说，互联网是个工具，苏宁的转型经验概括起来就是“一体、两翼、三云、四端”。

“一体”就是要坚守零售本质。不管零售业态怎么变、渠道怎么变，苏宁始终坚守顾客服务、商品经营的零售本质，并充分运用互联网、物联网、云计算等新工具，创新商品经营模式和顾客服务方式，实现科技零售和智慧服务。

“两翼”就是打造线上线下两大开放平台。线上是苏宁云平台，向全社会开放企业前后台资源，建立品牌商品与品质流量的良性互动；线下是苏宁云店，围绕本地生活全面开放，集展示、体验、服务、引流、销售于一体，营造城市生活的空间、顾客服务的场景。

“三云”就是围绕零售本质，把零售企业的“商品、信息和资金”这三大核心资源社会化、市场化，建立面向供应商和消费者以及社会合作伙伴开放的物流云、数据云和金融云。张近东指出，企业资源云化，既是观念的突破，也是技术的突破，更是企业商业模式和盈利方式的突破。

“四端”就是围绕线上线下两翼平台，因时因地因人，融合布局POS端、PC端、移动端、电视端。这相当于把互联网的门店开在商场、小区、写字楼，开到顾客的办公室、家里和口袋里，开在销售、客服和物流人员的手中。

苏宁的成功转型带动的是苏宁五大产业全面领跑，线上销售增速连超对手，O2O融合最为彻底、全品类爆发，手机、超市等增速领跑行业、品牌商户快速成长，线下农村电商千店连开。

苏宁从传统的店面苏宁电器到网络苏宁易购，成功地进行了商业模式的转型。

2. 海尔：从传统家电企业转型为一个制造创客和企业家的平台

海尔集团创建于1984年，是全球大型家电品牌，也是少有的中国电器传统企业。海尔，作为国人最为熟知的家电企业，至今已有30多年历史。从海尔首席执行官张瑞敏第一次砸冰箱、严把质量关，海尔在全国的知名度就打开了，现在已成为全球知名家电品牌。

海尔董事局主席张瑞敏意识到如果不转型，就只能等死。海尔于

2012年底开始互联网转型，海尔从制造家电产品的企业转型为社会孵化创客的平台。2014年海尔推出了空气盒子、空气魔方、智能烤箱等智能终端设备，可谓硕果累累，这仅仅是一部分。

截至2016年7月，海尔互联网转型已经孵化了大大小小1160多个小微创业项目，100个小微企业年收入过亿元，24个小微企业成功引入风投。24个拿到风投的小微企业包括“雷神笔记本”“日日顺物流”“海尔扫地机器人”等有一定知名度的品牌。

“目前，海尔已变成的200多个小微企业里，人人都是CEO，3～5年内就可能出现几个与海尔同样当量的企业。”海尔集团轮值总裁周云杰说。过去的海尔是一个制造家电的企业，未来的海尔将是一个制造创客和企业家的企业。

“现在海尔只有三种人，平台主、小微主和创客。”张瑞敏说。过去几年海尔做了一件事——去掉2万名中间管理层，把“航母”解构成了一支支“舰队”。现在的海尔，在册员工从前几年的11万下降到6万，与海尔有契约关系的在线员工却增加到15万，为海尔创业平台提供服务的超过100万人。海尔这项变革，实现了企业在册员工减少，社会就业岗位成倍增加。

海尔雷神游戏笔记本小微团队，就是由李艳兵、李宁和李欣利用互联网交互平台整合代工厂和设计资源，引入了天使投资。只用了1年的时间，雷神把海尔从未做过的游戏笔记本做到行业第二，仅11月11日“光棍节”一天就售出1万台。

“以前海尔是制造家电的企业，未来就是制造创客和制造企业家的企业。”

海尔从传统的企业转型成一个互联网企业,成为一个互联网节点。过去大家提到海尔，联想到的是家电；现在提到海尔，大家想到创客。海尔里面的员工，从雇佣者变成了创业者，每一个员工都可以在海尔平台上创业，直接面对用户，创造价值。

“海尔这场变革的意义非常深远，”北京大学教授胡泳这样评价海尔，“假如这场变革得以成功，我相信海尔将成为世界上第一个全面互联网化的企业，那么互联网将不仅是一种工具、一种科技，而是内化到海尔整个企业当中。”

后　记

本书终于在百忙之中完稿了，在此收笔之际，倍感劳动之艰辛、创作之不易。本书的完成非本人一人之力，它的完美收官得益于很多人的付出，在此特别感谢在创作过程中为本书提供宝贵意见的李广顺老师，也感谢为本书的创作提供文字整理的邢桂平女士和吴会朝先生！

希望本书带给您不一样的收获！

张　雷

编　委　会

（排名不分先后，以下人员均为博文书友会社群合伙人）

吉林省恩祺商贸有限公司总经理　张凯祺

中国小飞机俱乐部　陈思宇

北京林楠投资有限公司投融部经理　涂祖胜

牛氏九易公司文艺部长　耿丞焴琳

北京易宏置地房地产经纪有限公司　向　来

北京华融盛贸国际科技有限公司创始股东 CEO　郝　月

姆米又国际控股集团联合创始人、北京盛仁蓬勃公共关系有限公司总经理、企业绩效管理高级培训师、多家美妆企业联席顾问、国际美博会特邀嘉宾、彩妆代言人　桓慧芳

中国古诗词文化传承者、创新者，中国书画艺术爱好者、资深经纪人，古根博格家族核心成员，北京古根王酒业有限公司股东　明易桉榹

人类少食健康工程“发起人”“123 生命工程”俱乐部创始人，北京大管家健康科技发展有限公司创办人　盛紫玟

金融理财师、家庭教育指导师、国家二级心理咨询师、皮纹分析咨询师、北京鼎硕炜业投资管理有限公司高级投资理财顾问、北京天下安道教育科技有限公司副总经理　钟永恒

博文社群裂变合伙人　伍兴隆

北京喜帮科技总经理　刘泊霆